人に話したくなるほど面白い！

教養になる超雑学

クイズ作家
近藤仁美

永岡書店

はじめに

クイズ作家は、日々「面白すぎてテレビでは扱えない雑学」に出会います。あまり人に知られていない興味深い情報は、クイズにしても正解が出にくいためです。また、番組で使う問題の場合、じわりと味わい深いエピソードよりも、パッと人の耳目を引く派手さが求められます。こうして、クイズ作家の手元には、大のお気に入りなのに世に出ない情報が溜まっていきます。

本書には、そんな雑学のなかでも、とりわけ教養の入り口になるものを詰め込みました。ただ楽しいだけでなく、明日の話題や発想の糸口となるように――クイズ作家歴16年の経験から、「これは！」と思うネタをピックアップしました。加えて、過去にクイズとして出題した際、魅力を伝えきるにはもっと字数と時間が必要だと感じた情報も多数盛り込んでいます。一瞬で流れていく映像でなく、好きなときに好きなペースで楽しめる書籍ならではの試みです。

「ピラミッドのてっぺんには昔なにがあった？」「筋肉痛は年のせいでなく○○のせいで遅れる！」「ひな人形には、三人官女だけでなく三人○○もいる！」「Ａはなぜ Ａと書く？」「フランス皇帝・ナポレオンがハマっていた占いは？」……ひとつでも気になった方は、ぜひページをめくってみてください。ちょっとした興味で眺めた情報が、ビジネスチャンスや人類の歴史、自然の力強さにふれるきっかけになることは多々あります。私自身、このような経験を繰り返してきたからこそ、自信を持ってお勧めできる明日のヒントの蓄え方です。

それではいよいよ、教養雑学の海にご招待。いざ、出航です！

近藤仁美

目次

CHAPTER 1

エンタメ・ビジネスの超雑学

CHAPTER 2

科学の超雑学

CHAPTER

3

動物の超雑学

CHAPTER

4 歴史の超雑学

CHAPTER

5 文化の超雑学

CHAPTER

6 言葉・文字の超雑学

むかしむかし

◆頭隠して尻隠さずってどんな生き物のこと？ 251
◆Aはなぜ Aと書く？ 252
◆純金はなぜ24金というのか？ 253
◆鳥取の県名は、住んでいた人たちの職業に由来する！ 254
◆ビックリマークの形のひみつ！ 255
◆桃が流れる音はなぜ「どんぶらこ」？ 256
◆「幸」という字の成り立ちは、あまりにもシビア！ 257
◆いちころタイヤってなんだ？ ―世にも奇妙な業界用語のヒミツ― 258
言葉・文字の教養クイズ！ 260

CHAPTER 7

食の超雑学

◆たこさんウィンナーは、箸で掴みやすくするために開発された！ 264
◆ごはんとライスは炊き方が違う！ 265
◆刺身が真っ青な魚は、「青身魚」なのか？ 266
◆日本で一番食中毒を起こしている植物は、ジャガイモ！ 267
◆ハムはもともと肉の部位の名前！ 268
◆チャップリンは、来日したとき「天ぷら男」とよばれていた！ 270

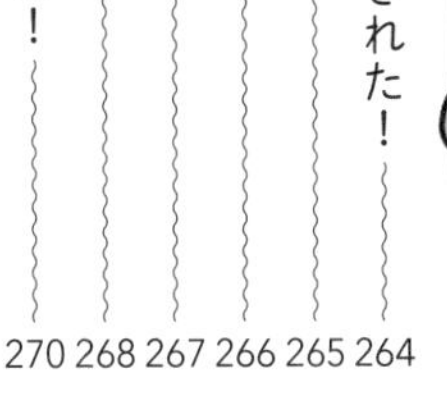

CHAPTER

8 生活の超雑学

CHAPTER 1

エンタメ・ビジネスの超雑学

美空ひばりは歌でタクシー代を支払ったことがある！

美空ひばりは、昭和を代表する国民的歌姫だ。そんな彼女はある日、親友で女優の中村メイコの家に行こうとタクシーに乗ったが、うっかり財布を忘れてきてしまった。しかたなく運転手に事情を話し、友達（メイコ）にお金を借りてくるからと言ったが、舞台用のメイクをしていなかったため、なかなか本人と信じてはもらえなかった。そこで、**自分が美空ひばりであることを証明するために持ち歌の『リンゴ追分』を歌った。その声はまさに本人としか言いようがないもので、たちまち信じた運転手は、感動して料金を受け取らないまま帰っていった。**

車と有名人といえば、ブラジルのサッカーの王様・ペレは、かつて乗車中に強盗に狙われたとき、帽子をとって身分を明かしてみせた。すると強盗は何も盗らずに謝って去ったという。まさに王様、同国の大スターだからこそできた難の逃れ方だ。

ピーチ市場にレモン市場、いったいどんな専門用語？

経済学の世界には、「ピーチ市場」「レモン市場」といった言葉がある。なんだかおいしそうな響きだが、それぞれの食べ物の特徴を市場の在り方になぞらえた専門用語だ。

お心当たりの方もいると思うが、スーパーで売っている桃は、見た目でだいたいの鮮度がわかる。黒ずんでいたり、凹んだりしていたら、購入を控える人は多いだろう。これに対し、レモンはひとつひとつの見た目がさほど変わって見えない。そこに、ピーチ市場とレモン市場の差がある。

ピーチ市場とは、桃のように買い手から商品の良し悪しがわかりやすく、透明性が高い取引の場のことだ。これに対し、見た目では品物の状態がわかりづらく粗悪品が出回りやすい場のことをレモン市場という。これは、かつてアメリカで質の悪い中古車を「レモン」とよんでいたことに由来する。実際に購入しないと状態がわからないからという、言い得て妙なネーミングだ。

ガチャピンとムックは、友達ではなく師弟！

ガチャピン・ムックといえば、フジテレビ系の子ども番組『ひらけ！ポンキッキ』の名物キャラクターだ。2体セットで見かけることが多いが、そもそも彼らはどんな関係なのだろうか。

実は、ガチャピンとムックは師弟関係（！）である。何を教え・学ぶ仲なのかは定かでないが、初期にはこのような設定であった。いわれてみれば、ガチャピンはほぼタメロだが、ムックは「〜ですぞ」などと敬語で話す。このあたりが師弟関係の名残なのだろう。

ちなみに、ガチャピンは恐竜の男の子、ムックは雪男の男の子。どちらも永遠の5歳で、ムックの頭のプロペラは暑いときに体を冷やすためにある。このような設定も面白いが、思い返せば番組名も謎である。「ポンキッキ」って、そもそも何……？　実はこれは、当時のフジテレビ社長が趣味で書いた小説に出てくる「ポンキッキ博士」を流用したものとされる。

姫路城では、昔1日だけプロ野球の試合が行われたことがある！

姫路城といえば、奈良の法隆寺とともに日本で初めて世界遺産に指定された建物だ。この城にはいわゆる「お菊さん」の伝承もあり、「1枚～、2枚～」と皿を数える怪談話は多くの人が聞いたことがあるだろう。

さて、姫路城のように比較的広い土地のあった城跡は、第二次世界大戦後にしばしば市民の憩いの場になってきた。皆さんの地元にも、城跡が公園などになっている例があるかもしれない。**姫路城の場合、野球場**（三の丸野球場）**ができた。ここではなんとプロ野球の試合まで行われ、1948年11月9日に阪急対中日／金星対南海の2試合を開催、白亜の天守のお膝元で約1万3000人が盛り上がったという**。ちなみに、1952年には同じ姫路城の敷地内に本町野球場ができた。こちらでは2軍のオープン戦が行われたことがあり、後に有名プロレスラーとなったジャイアント馬場（馬場正平）が巨人の先発として出場、南海を相手に完投勝利を収めた逸話がある。

名刺はもともと、本当に刺していた！

名刺はなぜ「名刺」と書くのか。ふと考えてみれば、「名」を「刺す」とは、なんだか物騒な字面である。

名刺は、かつて中国で生まれたといわれる。**このころは訪問先で取り次ぎを頼むときに自分の名を書いた板を渡したり、訪問先が不在であるときにその板を地面などに刺していったりしたのだそうだ。**日本で一般的になったのは19世紀ごろ。紙に墨で名前（や用件）を書いたものが使われ、やはり不在の人に自分の来訪を知らせる目的で、玄関先に刺して帰っていた。

このように、名刺は基本的に東アジアの文化である。ただし、西洋にも似たものは存在し、明治時代に日本の人と海外の人が交流するときにも交換された。また、海外では国によって位置づけが異なる。仕事相手に渡す国もあれば一定の役職以上の人がパーティーで使う場合、商談が終わった後この先も長く付き合うことになりそうな相手に配るなど、様々な用法がある。

戦隊ヒーローの名乗りは歌舞伎の影響！

子どもたちを夢中にさせる、戦隊ヒーローの名乗り。あれはもともと歌舞伎の影響だといわれ、意外にも古くから伝わる日本の文化である。

江戸時代に一世を風靡した歌舞伎作者に、河竹黙阿弥（かわたけもくあみ）という人がいる。彼は、代表作『青砥稿花紅彩画（あおとぞうしはなのにしきえ）』（通称『白浪五人男』）で、**主人公の盗賊5人が名乗る際、決めポーズとともに七五調でリズムよく自己紹介をさせた。これが観客にウケ、時代を越えて現代のヒーローものにも影響を与えている。**

歌舞伎に由来するものは、他にもある。たとえば、「二枚目」という言葉は、関西の劇場で役者たちの似顔絵を一枚目は主役・二枚目は色男……と配置したことに拠る。また、「差し金」は、歌舞伎や人形浄瑠璃で使われる棒のことだ。歌舞伎では蝶や鳥を飛ばすときに黒塗りの棒にくっつけて操り、人形浄瑠璃では出演する人形の手足を動かすためにこの棒を用いる。ここから転じて、しだいに裏で人に指図するイメージになったのだという。

レジ袋は、もともと梨を入れるために開発された！

近年有料化されたレジ袋。有料化といっても例外があり、紙や布でできた袋、分解可能なプラスチックでできているものなどはいまも無料で入手できる場合がある。

さて、**このレジ袋は、もともと梨を入れるための袋だった。**1970年代、折からのレジャー流行りに、ミニスカートブームが重なった。このころは果物狩りが盛んに行われたのだが、収穫したフルーツを入れる籠はしばしば竹で作られており、ミニスカートからのぞく脚とそれを覆うストッキングを竹籠のささくれが直撃した。特に、ストッキングは当時高級品で、うどん1杯が数十円だったのに対し、数百円もの値がついていた。高いオシャレ道具を台無しにする籠は不評だった。そこで、**どうにかストッキングを傷つけない入れ物を開発しようとした結果、現在のレジ袋の原形が生み出された。**この袋は水が漏れにくく丈夫であったため、たちまち全国に広がっていった。

心霊スポットのダム、思わず脱力する方法で悪評を撃退！

埼玉と群馬の県境にある下久保ダムは、首都圏の水がめのひとつとして人々の生活を支えている。それにもかかわらずいつしか心霊スポットだという噂が立ち、肝試しに来た人が夜中に騒いだり、周囲の空き家に侵入されたりといった被害が起きていた。同地はサクラの名所や釣り場としても人気であるため、風評被害・治安悪化は避けたかった。そこで、一計を案じた。

いっそ明るい音楽を流して肝試しの雰囲気を台無しにしよう！

選ばれた曲は、ご当地ヒーロー・鬼神戦隊ダムセイバーの『ウォーターファンタジア』。タイトルだけでもう明るい。中身も爽快感溢れる正統派ヒーローソングで、地元観光協会の会長が自ら作詞・作曲・ボーカル（！）を手掛けた力作だ。この取り組みは群馬側の入り口で始まったのだが、近年は埼玉側でもダムファンの手による『ジョージマン音頭』が流れるようになり、まさに発想の勝利で地元の平和が守られている。

チーズを担保にお金が借りられる銀行がある！

日本でもおなじみのパルミジャーノ・レッジャーノは、イタリアチーズの王様ともいわれる食べ物だ。その名は「パルマ」と「レッジョ」という地方名に由来し、上質なコクとうまみで世界中の人々を魅了している。

イタリアの銀行のなかには、パルミジャーノ・レッジャーノを担保にお金を貸してくれるところさえある。この取り組みは、生産者の安定にも寄与している。大規模なチーズづくりには、原料の牛乳を生み出す牛の飼料や牛小屋の手配など、多額の資金が必要となるからだ。

何かを保証するという意味では銀行の担保以外に保険があるが、これも一風変わったものが多い。たとえば、旅先で快晴に恵まれなかったときに旅行代金が戻ってくる「お天気保険」、ドローンによる事故に備える「ドローン保険」、通勤通学時に痴漢と間違われたりひったくりにあったりしたときのためにかけておく「通勤通学トラブル保険」などがある。

北アメリカ航空宇宙防衛司令部は、毎年サンタを追跡している！

北アメリカ航空宇宙防衛司令部は、アメリカとカナダが共同で運用する防衛組織だ。普段は弾道ミサイルの警戒や爆撃機の監視などをしているのだが、クリスマスが近くなると毎年恒例のサンタクロースの追跡を開始する。

この行事は１９５５年に始まった。当時、とあるスーパーが子ども向けにサンタ直通電話番号を開設したのだが、これを知らせる広告に誤りがあった。誤った電話番号は、偶然にも北アメリカ航空宇宙防衛司令部の前身にあたる組織に繋がった。**このとき子どもからの電話を受けた軍人がサンタの進路をユーモアたっぷりに答えた結果、定番化して毎年おなじみの行事になった。**

ちなみに、カナダ空軍では、サンタが無事プレゼントを配れるようエスコートするパイロットも選出される。また、近年ではインターネットの発達により、Ｇｏｏｇｌｅ Ｅａｒｔｈ上でサンタの現在位置を知ることもできる。大がかりで人々の気持ちのこもった、なにかと興味深い行事である。

演奏終了までに1000年かかる曲がある！

近年、Jポップのサビはだんだん曲の冒頭に近い場所に置かれるようになってきたといわれる。コストパフォーマンス・タイムパフォーマンスが重視される時代では、かつてのようにじっくり盛り上がりを待ってもらうのは難しい。かと思えば、現在演奏中の超長尺ミュージックもある。2000年1月1日に演奏開始、2999年12月31日に演奏終了、つまり1000年の長きにわたって奏で続けられるのである。**この曲は、その名も『ロングプレイヤー』という。コンピューター制御で音が変わっていき、演奏終了までの間、常に旋律が変化する。**

変わった音楽といえば他にも、演奏に大砲を使う曲（『序曲1812年』）、指揮者が倒れる曲（『フィナーレ』）、奏者がティンパニに突っ込む曲（『ティンパニとオーケストラのための協奏曲』）、果ては演奏をしない曲（『4分33秒』）まである。芸術と遊び心は、ある種紙一重である。

オリンピックの聖火は、そば屋の出前機で運ばれたかもしれない！

日本初開催となった1964年の東京五輪は、まさに挑戦の連続だった。オリンピックに合わせて東海道新幹線を開通させ、試合を観戦するためにカラーテレビが普及するという、まさに国を挙げた一大プロジェクトだった。

挑戦は、他にもある。それは聖火リレーだ。当時の日本は道路のほとんどが舗装されておらず、道が悪かった。そんな状況でも、聖火は絶やさず運ばなければならない。道だけでなく、天候に恵まれない可能性だってある。そんなときには……そうだ、そば屋の出前機がある！

そば屋の出前機は、商品をこぼさず温度を保ちながら運べるよう、ものを水平に保ち、風雨に強いつくりとなっている。これを利用し、**万が一火が消えたときのために予備の聖火を入れた出前機がランナーと並走した**。結果的にはランナーが無事聖火を運んだが、開催国・日本ならではのエピソードである。この方法を最初に思いついた人の柔軟な発想力にも驚かされる。

ボウリングは、もともと悪魔退治のゲームだった！

ゲートボールは戦後遊具のない子どもたちのために考案され、卓球は雨の日にテニスの代わりとして生み出された。このように、なじみのスポーツにも様々な由来があるのだが、とりわけ興味深いのはボウリングの来歴だ。

ボウリングのようにボールでピンを倒す遊びは、古来各地で行われてきた。これまでに発見されている最も古い例は、7000年以上前のエジプトのものだ。少し時代が下って**中世のドイツでは、悪魔退治のゲームにもなった。教会の長い廊下に悪魔に見立てたピンを立て、たくさん倒せれば信仰心が強いと誉められ、あまり倒せなければ信心が足りないといわれた**（そんな無茶な）。

ちなみに、現在主流のルールであるナイン・ピンズを考案したのは、宗教改革で有名なルターだといわれる。10年ほど前にこの情報を得たときには「なぜ？」と思ったものだが、ボウリングが教会で発達してきたことを考えあわせれば納得である。彼は宗教だけでなく、スポーツも改革したのだ。

昔、土俵は四角く、リングは丸かった！

リングは日本語で「輪」を意味する。ボクシングのリングもこれが語源だが、その名に反してなぜか四角い。実はリングは、かつてきちんと（？）丸かった。ボクシングはもともと観戦者が競技者を取り囲んで行うスポーツだったため、人々は自然に円形に集まった。ところが、競技の興行化が進むとステージが生まれ、安全上の配慮と競技場の範囲をわかりやすくする都合から、周囲に柱を立てて紐を渡すようになった。このとき、**柱の数が少なくて済むのは、円形よりも四角形だ。こうしてリングは四角くなっていった。**

反対に、相撲の土俵はかつて四角かったが、現在は丸が主流だ。四角い土俵の場合、端に追いつめられると圧倒的に不利で、ボクシングのように相手を殴って状況打破というわけにもいかない。一方で、**土俵が丸ければ、体を捻って逃げることで再起を図りやすい。**このように、**勝負のパターンが増え熱い展開が生まれやすかったため、土俵はしだいに丸くなっていった。**

大相撲ではなぜ座布団が舞うのか？

大相撲で、取り組みが意外な結果に終わったときなどに座布団が飛び交うあの現象。あれは通称「座布団の舞」とよばれ、「相撲」といわれて想起されやすい場面のひとつとなっている。

「座布団の舞」は、もともと相撲のご祝儀システムの都合で始まった。昔は羽織や帽子など個人の持ち物を土俵に投げ込み、そこに書かれた名前をもとに後日持ち主の家に行くとご祝儀がもらえる、という慣習があったのだ。相撲が近代的に興行化され、ご祝儀制度がなくなると、私物ではなく会場の座布団が投げられるようになった。ただし、この慣習は表向き禁止されており、九州場所では複数の座布団を繋げて投げにくくするなどの対応が行われ効果があった。ところが、他場所では導入されなかった。これは、もはや伝統となった慣習を守りたいという声もあり、座布団の舞を禁止するより投げてもケガをしない座布団を開発すべきでは？　という議論もあるためだ。

女人禁制だった古代オリンピック、それでも優勝した女性がいた！

古代オリンピックはギリシャ神話の最高神・ゼウスに捧げられ、基本的に女人禁制であった。これは、当時の男性優位社会やゼウスが男神であることに由来するとされ、禁を破った女性は崖から突き落とすという掟まであった。

そんな古代オリンピックでも、実は優勝した女性がいる。**スパルタ王の娘・キュニスカは、戦車競走では出場する御者でなく戦車のオーナーが優勝者になることに目をつけ、見事2度の優勝に輝いた**。そして、オリンピアの神域に自分の像を建てるという、勝者だけに許された栄誉に浴した。

ちなみに、古代五輪では、絵画や音楽といった芸術競技が行われたこともある。暴君として知られるネロは、その権力で大会の開催年をずらし、多数の競技で優勝した（……ことになった。実際には馬車から落ちて完走できなかった戦車競走すら勝ったことになっている）。彼の死後、大会記録はさすがに非公式扱いになったものの、ずれた開催年は直さずそのまま継承された。

ヨーグルトのふたは、ハスの葉をヒントに開発された！

皆さんは、ヨーグルトのふたについた中身をどうしているだろうか。食べる？　食べない？　そもそもそんな光景は見たことがない？　この手の問いはかつて論争にもなったが、近年は中身がくっつかないふたが普及してきており、「そんな光景は見たことがない」派が多いかもしれない。この新型のふたは、植物のハスの葉をヒントに生み出された。**ハスの葉の表面には細かい毛があり、その凹凸で空気の膜ができて水を弾いている。この構造を応用し、ヨーグルトの付着を防ぐことに成功したのが、例のふただ。**

動植物の構造に着想を得た技術は他にもある。面ファスナーはごぼうの実のトゲトゲがイヌの毛にくっついたのを見て生み出された商品であり、新幹線はフクロウやカワセミが静かに飛べる理由を研究したことによって騒音を減らすことができた。このような技術はバイオミメティクス（生物模倣工学）とよばれ、近年注目されている分野である。

ハスの葉

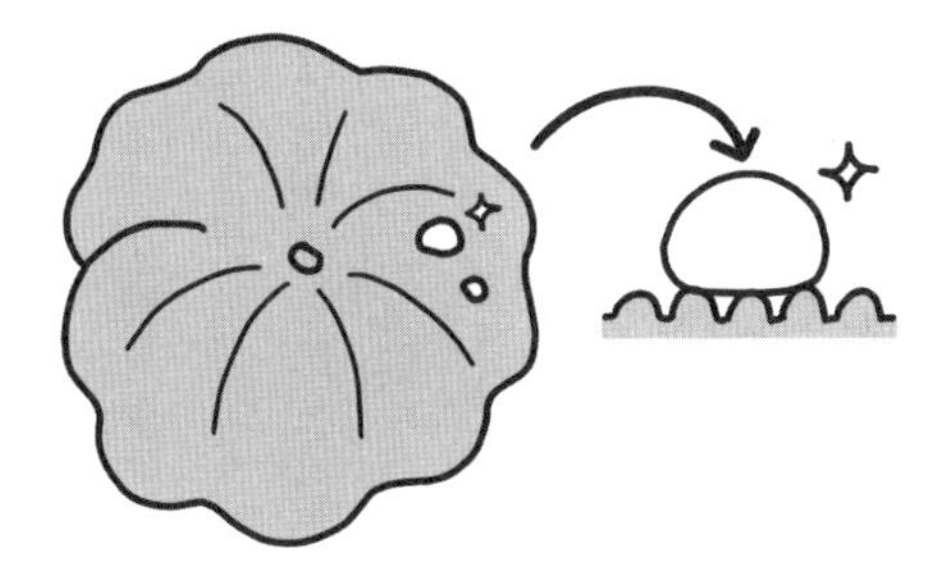

ハスの花言葉のひとつは「離れゆく愛」。

ごぼうの花

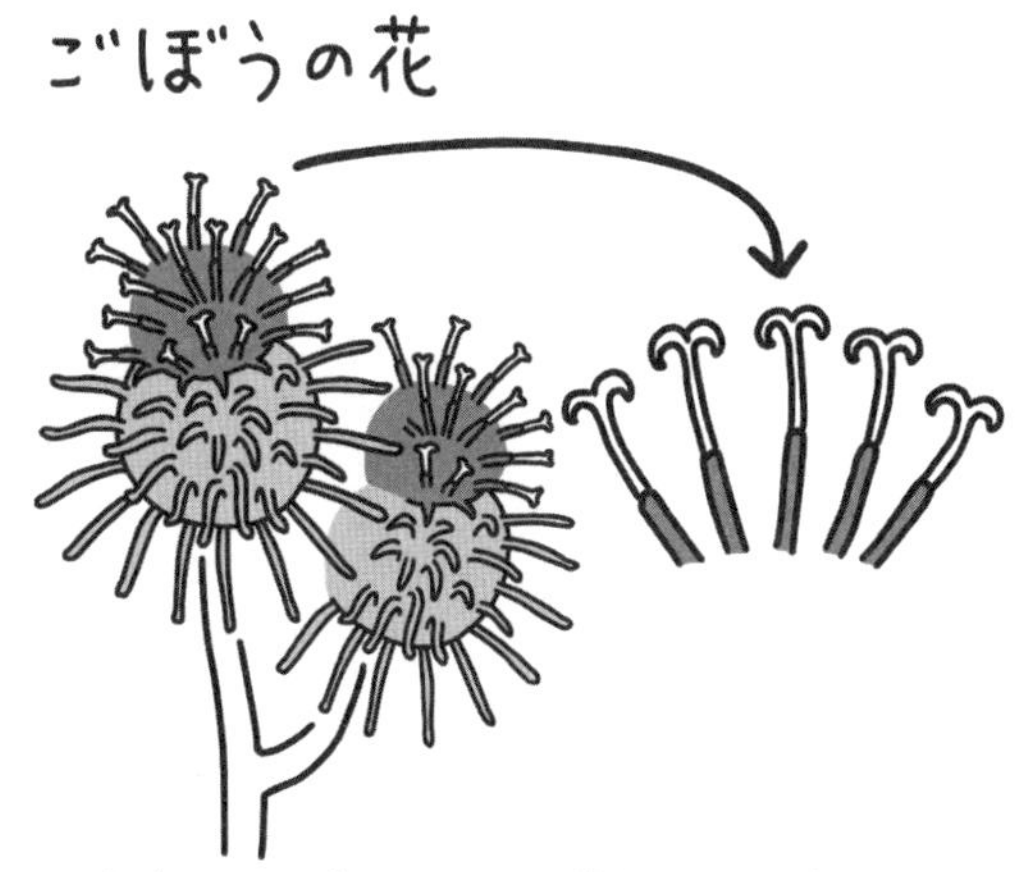

ごぼうの花言葉のひとつは「私にさわらないで」。
真逆の性質をもつ商品に生かされるとは……。

ロボット掃除機・ルンバは、地雷撤去ロボットをヒントにつくられた！

ロボット掃除機・ルンバは、部屋を意味する「ルーム」と、ダンスの一種「ルンバ」を掛け合わせた名前である。このルンバはアメリカのｉＲｏｂｏｔ社によって開発され、近年ではゴミを吸い取るだけでなく水拭きまでこなせるようになってきた。

また、**ルンバはもともと軍事技術を応用した機械だ。開発元のｉＲｏｂｏｔ社はかつて軍事用ロボットを扱う会社で、人工知能つきの地雷撤去ロボットをつくっていた。**いわれてみれば、地面をくまなく探索し、適切に障害物を避けるという点で、地雷撤去と床掃除はある意味似ている。

ちなみに、世の中には地雷や爆薬をみつけることができるホウレンソウもある。ホウレンソウは土から水を吸って育つため、葉にセンサーを埋め込むことにより、地雷や爆薬の成分を検知することができる。そしてこの結果は、利用者のスマートフォンに届けられる。なんてイマドキ……！

ロシアの宇宙飛行士は、宇宙に銃を持っていく！

宇宙から帰ってきたばかりの宇宙飛行士は、しばしば地上での歩行が困難になる。これは、重力に逆らう力が衰えるためで、帰還を報じるニュースなどでは、よく両脇を人に抱えられた状態のクルーが見受けられる。

そんな状態になる宇宙飛行士だが、ロシアに帰還する場合はさらに過酷だ。アメリカなど、NASA系の宇宙飛行士の場合、宇宙船の到着地点は海に設定されることが多い。これに対し、ロシア系の宇宙飛行士の場合、（一時は変更があったものの）ロシアの大地に帰ってくることになる。すると何が起こるか。**スタッフに見つけてもらうまで、野生動物から身を守り、サバイバルをする必要が生じる。そのための銃なのだ。**

実際、かつてロシアの宇宙飛行士が地球に帰ってきたところ、冬眠明けのクマに出会ってしまう事件があった。立つだけでもやっとのはずなのに、猛獣と対決までしなければならないとは、かなりのスパルタである。

東京スカイツリーはなぜあの色なのか？

青空に映える東京スカイツリーは、いまや日本の名所としてすっかり定着した感がある。**塔を印象づけるあの青みがかった白は、「スカイツリーホワイト」とよばれるオリジナル色で、日本の伝統色「藍白（あいじろ）」から着想を得たものだ。**「白」という色の語源は、「知る」や「印」であるという。また、日本には富士山頂や祭りの幟（のぼり）など白いシンボルが多くみられることから、伝統的な美意識に通じる色として採用された。この色になった理由は他にもある。スカイツリーの白は悪天候でも飛行機などから見えやすく、安全性が高い。同じ理由で、東京タワーは独特のオレンジ色に塗られている。あのカラーは「インターナショナルオレンジ」といい、赤に近い鮮やかな朱色をさす。

なお、パリのエッフェル塔は、実は最近色が変わった。もともとは街に溶け込む独自の茶色だったが、設計者エッフェルが好んだ黄色がかった茶色に塗り替えられ、以前よりやや金色に近い見た目になっている。

侍ジャパンがいれば野武士ジャパンもいる！

侍ジャパンといえば野球の日本代表、SAMURAI BLUEといえばサッカーの日本代表。ここまではよく知られているが、とある競技には「野武士ジャパン」という日本代表チームがある。「野武士」とは、特定の主人をもたない武装集団のことだ。ということはつまり……？

結論をいうと、「野武士ジャパン」はホームレス・ワールドカップの日本代表だ。誰が考えたか知らないが、言い得て妙なネーミングである。このワールドカップは、ホームレス状態の人が生涯に一度だけ出場できるストリートサッカーの世界大会だ。サッカーを通じて生きがいや人との繋がりを再構築できるようにする狙いがあり、2003年から毎年開催されている。第2回大会には日本勢が初参加し、ホームレス状態で雑誌・ビッグイシューを販売していた8人が出場。うち7人が3年以内に仕事をみつけて雑誌販売を卒業した。自信や人との関わりは、なにものにも代えがたい力になる。

バスケットボールのバスケットは、もともと○○を入れる籠！

バスケットボールは、なぜ「バスケット」ボールというのだろうか。それは、もともとは文字通りバスケット（籠）にボールを入れるスポーツだったからだ。この競技は、1891年に体育教師ネイスミスによってアメリカで考案された。冬場の運動不足解消のための室内競技であったという。さて、**バスケットの初試合の日、ネイスミスはゴールとして45センチ四方の箱を使うつもりだった。しかし用意できず、桃の収穫に使われる籠で代用し、ボールもサッカー用のものを使ってやってみた。**この試合には留学中だった日本の実業家・石川源三郎も参加しており、彼によるスケッチが残っている。

なお、バスケットボールがオレンジ色なのは、ボール用の牛の革が褐色だったことに加え、強度を増すためにタンニン（柿渋などに含まれる成分）を使っていたからだ。いまでは革でなくゴム製のボールが普及しているが、その色は昔のまま継承されている。

国境を越えたナイスショットが放てるゴルフ場がある！

ゴルフボールは、果たしてどれくらい飛ぶのか。「隣の国まで飛ばしたよ！」と言われたら、まず冗談だと疑ってしまう。しかし世界には、実際に国境越えのショットを放てる場所がある。**「グリーンゾーン・ゴルフクラブ」といって、スウェーデンとフィンランドにまたがるゴルフ場だ。**

この場所では、パスポートも税関もなしで両国を行き来できる。また、白夜の時期には一日中明るいため、24時間のプレイだって可能だ。ちなみに、**国境が位置する6番ホールは、時差の都合でカップインまでが異様に長くなる。**それもまた一興というものだ。

なお、国境越えにとどまらず、地球を飛び出して月面で初めて行われたスポーツもゴルフである。1971年、アポロ14号の船長アラン・シェパードによるもので、そのときに使われたボールはいまなお現地に残されているという。

フィギュアスケートでは、わき毛や胸毛が見えるとマイナス1点！

冬季オリンピックの華・フィギュアスケート。**この競技には、芸術性が求められるからこその一風変わったルールがある。それは、わき毛や胸毛が見えた場合減点される、というものだ。**これは、ルールブックにきちんと明記されており、他にも「仮面を着けてはいけない」「衣装の飾りが落ちたら減点」などの決まりがある。

さて、フィギュアスケートといえば、試合後にリンクに花が投げ込まれることも印象深い。実は、日本のフィギュアの試合で投げられる花は、東京都の宮田花店というところが一手に引き受けている。あの花はもとはスケート関係者の依頼で制作されたものだそうで、通常の花束とは異なる工夫がなされている。たとえば、投げたとききれいにリンクに入るよう重り代わりのスポンジを仕込んだり、花びらなどが飛び散って次の選手の演技に影響を与えないよう、花束を丸ごとラッピングしたりしているのだ。

教会めがけてロケット花火を打ち合う祭りがある！

祭りとは、一般に祈りや感謝のために神仏などを祀る行為である。その種類は様々あり、なかにはなぜそんな祭りが生まれたのかと耳目を疑うものも多い。

たとえば、ギリシャのキオス島には、イースターの前夜にギリシャ正教の教会同士が、他方をめがけてロケット花火を打ち合う行事がある。これは、**約120年前、ふたつの教会の信徒が「どちらの方が盛大にイースターを祝えるか」と競ったことで始まった。**勝敗は、それぞれの教会の鐘にロケット花火を何発あてたかで決められる……のだが、互いによい勝負だったことを称えあい、「来年こそ決着をつけよう」と持ち越すのが定番になっている。

このロケット花火祭りでは、夜の闇のなかを花火が光線となって飛び交い、爆音をたてながら昼間のように明るくなるのが見ものだ。一晩で6万発以上も使用されるというから、その規模に驚かされる。

ウマの目を洗う仕事がある！

競馬は日本で許可されている数少ない公営ギャンブルだ。このスポーツのスタッフとして比較的知名度が高いのは調教師や騎手だが、**なかにはレース後にウマの目を洗う「洗眼師」という専門職もある。**

ウマの視界は実に350度。人間よりも見える範囲が広く、目も大きい。レースでは、この目を見開きながら砂埃の舞うコースを走らねばならず、ときには10グラムもの砂が目に入ってしまう。そこで、**角膜を傷つけたり病気になったりしないよう、目を洗う係の人がいる。**

ちなみに、日本にはウシの蹄を削る「牛削蹄師（ぎゅうさくていし）」という資格もある。一般に、牛舎で飼われるウシは運動量が少ないため、蹄が自然に削れず伸びすぎることがある。そこで、〝ウシのネイリスト〟牛削蹄師の出番だ。対象となるウシの歩き方や蹄の形までふまえて専用器具を使う様は、まさに職人技。技量を競い合う全国大会では、優勝者に農林水産大臣賞が贈られる。

さっぽろ雪まつりの会場は、もともと雪捨て場だった！

さっぽろ雪まつりは、雪でつくられた見事な像が林立する、北海道の冬の風物詩だ。いまではシドニーやミュンヘンなど海外勢の雪像もみられ、国際色豊かな行事となっている。

このお祭りは、**1950年に市民の雪捨て場で始まった**。地元の中高生が捨てられた雪で6つの像をつくり、ダンスや歌のコンクール、雪合戦などが行われ、初回から5万人もの人出があった。現在の札幌の人口は約196万人だが、当時はまだ31万人ほど。いかに多くの人が訪れたかがわかるだろう。また、**1972年には札幌オリンピックが開かれ、雪まつりが世界に知られるようになっていった**。

ちなみに、お祭りで使った雪像は、会期が終わると安全のために取り壊される。そして、この取り壊しを見て回る「雪像解体ツアー」も人気を集めている。

アイスクリームを食べる仕事がある！

その仕事って食えるんですか――これは、筆者のようなクイズ作家がよく聞かれる質問だが、世の中には、クイズ作家以上に「食えるんですか」と聞きたくなるような職業がある。

たとえば、**アイスクリーム・ティスター。文字どおりアイスを味見する係で、自社や他社の製品を食べ比べ、評価する。**なかには年収1000万円ほどを得る人もいるそうで、舌の鋭敏さを保つために辛い物など刺激物は基本的にNG、舌そのものにも高額な保険がかけられる。

ちなみに、同じテイスティング系の職業として有名なのはソムリエだが、ソムリエはもともと王侯貴族の食事管理や物資調達をする係で、転じて自分が提供したものに責任をもつという意味で毒見の役割が加わり、ワインの品質なども確かめるようになった。なお、フランスでは、一流の調香師を「ネ(nez)」といい、フランス語で「鼻」という意味の言葉だ。

トラックの文字列はなぜ後ろから書くのか？

道行くトラックを眺めていると、「スジャータ」が「ターヤジス」になるなど、しばしば言葉が逆から書かれていることに気づく。特に逆向きで書かれやすいのは、トラックの右側面の文字だ。日本は左側通行なので、トラックと人が同じ方向に歩いているときは左側面が見える。よって左は素直な語順で書いても読んでもらえる。一方で、**右側面は人とすれ違うときに見えることになる。このとき、一般的な綴りのまま書くと、すれ違う相手には言葉のお尻の部分から先に見えてしまう。そこであえて逆から書き、言葉の頭が先に読み取れるようにするのだ。**

また、似たような理由で、救急車のボンネットにある「救急」の文字は鏡文字になっていることが多い。これは、前を走る車のミラーに映ったとき、ドライバーから読みやすくして道を譲ってもらえるようにする工夫であるという。

裁判官になった脱獄犯がいた!

裁判官といえば、判決によって他者の人生を左右することもある法の番人だ。その裁判官が実は逃走中の脱獄犯だとしたら……そんなハリウッド映画も仰天の珍事が日本で起こったことがある。

江戸末期から大正にかけて生きた渡邊魁(わたなべかい)は、島原藩士の子として生まれた。彼は三井物産に勤務していたのだが、そこの資金を横領して無期懲役の判決を受けた。ところが**魁は脱獄し、戸籍を偽ってあろうことか裁判所に潜り込み、順調に出世して判事にまでなった**。しかしのちに「脱獄犯に似ている」という噂がたち、再逮捕。官文書(戸籍)を偽ったことでまた服役することになったのだが、翌年、**戸籍を記入したのは本人でなく役人だからという理由で無罪となった**。結局そのまま出獄し、当初の終身懲役もうやむやになって故郷に戻り、能書を活かして看板書きなどをしたという。いまでは到底不可能だろうが、あらゆる制度が構築中の明治期だったからこその逸話である。

アンチョビ、ピクルス、バターって曲がある!

クラシックにはいまでこそお堅いものというイメージがつきまとうが、かつては民衆が喜ぶポピュラーミュージックだった。そのため、多くの作曲家が特徴的な曲を残しており、なかには『アンチョビ』『ピクルス』『バター』といった、食べ物に関する曲も実在する。

この3曲は、美食で知られるイタリアの作曲家ジョアキーノ・ロッシーニによるものだ。これらは『老いのいたずら』という作品集に含まれており、他にも4つの前菜・4つのデザートなどのシリーズがある。ロッシーニの有名な曲といえば『ウィリアム・テル』や『セビリアの理髪師』が思い浮かぶが、食への興味は彼の作品世界にまで影響を及ぼしていた。

他にも、興味深い曲はたくさんある。モーツァルトの『飲んで食って身が保つ』、ハイドンの『結婚すれば自由がなくなるとはよく言った』などは、実感のこもり具合に思わずくすっとしてしまう。

ピラミッドのてっぺんには一時期カフェがあった！

エジプトのギザにあるクフ王のピラミッドは、世界一高い墓だといわれる。この146メートルもある建造物はかつて頂上まで登ることができ、**一時期はてっぺんにあるカフェで一休みすることさえできた。この企画は地元のホテルが考えたもので、登頂後、雄大な景色を眺めながら朝食を摂るプランだったという。**しかし、1983年にはピラミッドへの登頂が原則禁止されたため、いまとなってはこのような試みは夢のまた夢である。

エジプトといえば、かの有名なクレオパトラは実は複数いた。一般に知られるのはクレオパトラ7世で、「クレオパトラ」とは「父の栄光」という意味だ。また、彼女はカエサルやアントニウスとの恋愛で著名だが、本来は実弟であるプトレマイオス13世やプトレマイオス14世が夫であった。当時の王族はきょうだい間の結婚で血を守るのが一般的であったため、さほど珍しいことではないが、歴史の表にはあまり出てこないエピソードである。

カーネル・サンダースはフランチャイズ契約を取るまで1009回断られた！

ケンタッキー・フライド・チキンの創始者カーネル・サンダースは、1800年代末に貧しい農家の息子として生まれた。彼は家計を助けるために10歳から働きはじめ、様々な職を転々とした後、ガソリンスタンドのオーナーとして成功した。このガソリンスタンドの周りにはレストランがなかったので、ドライバーのためのカフェも併設。そこで今日につながるフライドチキンの味が完成し、大繁盛したという。しかし、順風満帆と思えた矢先、彼の店に客を呼び込んでいた高速道路が移転してしまう。その結果、店への客足はぱったり途絶え、65歳にして無一文になってしまった。

あらゆるものを失った彼の手元には、長年情熱をかけたチキンのレシピだけが残った。それを全米の飲食店に売り込もうとするも、断られること実に1009回。それでもめげず、1010回目にして初契約に成功すると、その後はフランチャイズ店が急増。こんにちの有名企業へとつながっていった。

オタフクソースは、地元の小学校でお好み焼きの授業を行っている！

広島発祥のオタフクソースはねっとりとした濃厚な仕上がりが人気で、広島と並ぶお好み焼きの本場・大阪でも多数の店や家庭で愛用されている商品だ。

そしてこのオタフクソースは、地元・広島で小学校の食育の授業も行っている。お好み焼き作りを通して、栄養バランスや食の楽しさ・大切さを伝えているのだという。

同社は日本だけでなく、海外にも進出している。中国にはお好み焼き研修センターがあるほか、ムスリムの人が利用しやすいハラール対応ソースも展開している。

ちなみに、広島では他にも特色ある授業が行われたことがある。広島カープによるカープの歴史を学ぶ講座、もみじまんじゅうを通してマーケティングを知る機会など、地元の企業や名物が子どもたちの学習に一役買っている。

トイレの音姫、開発時の命名候補は「おしっこ」！

TOTOの「音姫」は、流水音と鳥のさえずりで知られるトイレ用擬音装置だ。この商品は擬音の「音」と「美しい姫」、つまり古来の恥じらいの文化を意味する「乙姫様」を掛け合わせて名づけられたとされている。

ところで、かつて筆者は「音姫の開発時の名前は『おしっこ』だった」という情報を耳にしたことがある。本書の執筆にあたって開発元にこの情報の真偽を聞いたところ、たしかに「**押しっこ**」（**正しい綴りはこのような漢字表記**）**という候補があった**ことが確認できた。ネーミングの理由は、文字通り用を足すときに押してもらおうという願いによるものだったのだが、**言葉の印象が強烈すぎることと、注文する際に「押しっこください」とは言いづらいであろうという配慮から、現在の名前に落ち着いた**。

なお、音姫はその後ボタンを押さない手かざしタイプのものが主流となっていったため、そういう意味でもナイス判断だったといえるかもしれない。

マスカラは、妹の恋を応援する兄が生み出した！

まつ毛のメイクによく使われるマスカラ。この定番の化粧品は、1913年、アメリカのトーマス・ウィリアムスによって発明された。彼の妹メイベルはある男性に恋をしていたが、目が小さいのが悩みで、自分に自信をもてずにいた。そんな妹の恋愛に、兄が一肌脱いだ。**現代でも塗り薬などに使われるワセリンに石炭の粉を混ぜ、魅力的な目元を演出できるようにしたのだ**。メイベルは兄の発明品を愛用し、見事意中の彼とゴールイン。

この成功に手ごたえを感じたトーマスは、**妹の名とワセリンにちなむ化粧品メーカー・メイベリン社を立ち上げた**（現在のメイベリン　ニューヨークの前身である）。

ちなみに、同じく目の化粧に使われるアイシャドウの歴史は、古代エジプトまで遡る。当日の人々は美しさのためだけでなく、病原となる虫や強すぎる太陽光から身を守るために目の周りを彩ったのだそうだ。

ウルトラマンの活動時間が3分なのは、大人の事情かも？

ウルトラマンは、M78星雲からやってきた宇宙人だ。地球に到達したとき科学特捜隊の隊員と衝突し、亡くなってしまったその隊員に自らの命を与えて地球の平和のために働くことになった。

ウルトラマンの有名な弱点に、「3分しか活動できない」というのがある。こうなった理由として有力なのは、予算の削減である。実は前作『ウルトラQ』はモノクロ番組だったのだが、『ウルトラマン』はカラー作品として構想された。そのため、**費用のかかる特撮シーンは放送時間の1割**（30分番組なら3分）、**というのが基準となった。加えて、ボクシングの1ラウンドが3分間であったことも、緊張感あふれる対決というイメージに似つかわしく、定着していったのだという**。また、3分の制限がなければ、ウルトラマンはあまりにも強すぎる。弱点があることで勝負が面白くなるという点も、番組制作者にとっては好ましかったのだろう。

ＩＴ企業Ａｐｐｌｅは、そもそもなぜリンゴなのか？

ＩＴ企業Ａｐｐｌｅは、１９７６年に「アップルコンピュータ」という名前で創業した。いまや世界的な大企業だが、この会社はなぜリンゴを意味する言葉を社名に選んだのだろうか。**この理由には諸説あるが、創業者のひとりであるスティーブ・ジョブズがリンゴ農園で働いていたこと、菜食主義のなかでも果実食をよしとしていたことなどが挙げられる。**また、「Ｍａｃ」の名で親しまれる同社の主力商品・マッキントッシュも、もともとはリンゴの品種名に由来する。なお、Ａｐｐｌｅのロゴのリンゴがかじられているのは、他の果物と間違えられないようにするためだという。嚙み跡ひとつで意味を浸透させるとは、まさにプロの発想である。

ちなみに、Ａｐｐｌｅの初期のロゴには、リンゴの落下で万有引力の法則を発見したといわれる科学者・ニュートンが描かれており、その発想のもとになったとされるリンゴは、「ケントの花」とよばれる品種である。

噛む前提でつくられたアメがある！

アメは舐めて食べることで長く楽しめる菓子だが、ついまどろっこしくて最後に噛み砕いてしまう。そんなとき、ちらっとよぎる罪悪感とともに思ったのが、「噛む前提のアメはないのか？」ということだ。

調べてみたら、実在した。しかも、日本のスーパーなどでかなりポピュラーな商品だった。**そのアメとは、サクマ製菓の「いちごみるく」だ。1970年に誕生した日本初のクランチキャンディで、子どもに人気のイチゴと当時貴重なたんぱく源とみなされていたミルクを組み合わせ、噛んだときに独特のサクサクとした歯ざわりになるよう工夫されている。**

ちなみに、噛んで食べられるように仕上げたのは、食感の新しさに加え、早く食べ終わって次の1個に手を伸ばしてもらえるからだ（よくできている）。さらに、時代が進み消費者が甘さ控えめ志向になると、使用する果汁を高級イチゴのあまおう100％にするなど、時代に応じた進化を遂げている。

コピーライトがあればコピーレフトもある！

著作権を意味するコピーライト（copyright）という言葉。コンピュータプログラミングの世界では、著作権の自由な利用などを認めるときに、コピーライトのrightを「権利」ではなく「右」と読み替え、コピーレフト（copyleft。leftは左の意）としゃれていうことがある。

右と左にはやはり対のイメージがあり、古来様々なエピソードがある。政治思想を表す「右翼」「左翼」は、フランス革命期、旧体制派が議長席から見て右、新体制派が同じく左に位置したことに由来する。また、時計が右回り（いわゆる時計回り）なのは、日時計の影が北半球では右回りで動き、そんな北半球の国々がかつて覇権を握っていたからだ。そして陸上競技で使うトラックが左回りなのは、諸説あるが北半球では地球の自転により左回りの力が働くことや、人間には利き足の右で地面を蹴り左足でバランスを取る者が多いため、左回りの方が好記録が生まれやすいからだといわれる。

ライブハウスはなぜワンドリンク制なのか？

ライブハウスに行ったとき、チケット代を払ったのに、そこに加えて強制的にドリンク代まで請求されることに疑問を覚えたことはないだろうか。ライブハウスはよくワンドリンク制で運用されるのだが、これにはきちんとワケがある。

ライブハウスのように音楽で人を楽しませる場では、興行場法の影響により、都道府県知事から興行場営業許可をとる必要がある。しかしこの許可を得るにはハードルが高く、なにかと条件がめんどくさい。そのため、**小規模なライブハウスでは、比較的取得が容易な許可で済ませることがある。それが「特定遊興飲食店営業許可」と「飲食店営業許可」だ。文字列からもわかるとおり、この許可の場合、建前上は飲食がメインで音楽は集客のためという扱いになる。**そのため、何かひとつは注文してもらわないと困るので、ワンドリンク制にしているのである。

エンタメ・ビジネスの教養クイズ！

正解と思うものを選んでください。

QUIZ 1

日本で初めてディズニーランドがつくられたのは、千葉県の舞浜でなくてどこ？

A.草津温泉　B.デパートの屋上　C.富士山の裾野

QUIZ 2

大手スーパーの「イオン」。名前の由来はもともとどういう意味？

A.便利　B.永遠　C.投資

QUIZ 3

日本で初めてパスポートが発行されたのは、どんな職業の人？

A.学者　B.農家　C.芸人

QUIZ 4

次のうち、日本発祥のスポーツは？

A.競馬　B.競輪　C.競泳

QUIZ 5

ガードレールが主に鉄製なのはなぜ？

A.安いから　B.さびにくいから　C.変形しやすいから

QUIZ 6

ジャケットの袖にボタンがついているのはなぜだといわれる？

A.汚れ防止　B.身分を表す　C.いざというとき売る

QUIZ 7

コミュニケーションアプリ・LINEは、何をきっかけにつくられた？

A.火事　B.地震　C.サイバー攻撃

答え

QUIZ 1 正解B

1957年の一時期、日本橋三越本店の屋上にあった。当時の名前は「こどもの夢の国楽しいディズニーランド」。

QUIZ 2 正解B

ラテン語で「永遠」。お客さんへの貢献を永遠の使命とし、そのなかでグループ自身が永遠に発展・繁栄するという意。

QUIZ 3 正解C

海外公演に出かける芸人・隅田川浪五郎への発給が初。当時のパスポートに写真はなく、年齢や身体的特徴が書かれていた。

QUIZ 4 正解B

戦前から人気だった自転車競走を、戦後の復興のために公営競技化したもの。競艇も同じく財源確保のために生まれた競技。

QUIZ 5 正解C

車などがぶつかったとき、延びやすく割れにくい鉄製にしておくことでガードレール側が変形し、車や人の被害を抑える。

QUIZ 6 正解A

ナポレオンが軍服の袖で鼻水を拭く兵士を見て、拭けないようにして汚れを防ごうとしたのが発祥だといわれる。

QUIZ 7 正解B

東日本大震災のとき連絡が取りづらかったことから、災害時でもコミュニケーションしやすいサービスとして生まれた。

CHAPTER

2

科学の超雑学

アインシュタインはノーベル賞の賞金を○○に使った！

アルバート・アインシュタインは、天才の代名詞のような科学者である。彼は相対性理論の提唱で知られるが、ノーベル賞を受賞した業績は「光電効果」に関するものだった。光電効果とは、金属板に光をあてると電子が飛び出す現象のことだ。太陽光発電やデジタルカメラの仕組みにも使われている、なにかと応用のきく効果である。

ところで、ノーベル賞を獲得すると日本円にして1億円以上の賞金が出る。彼はこのお金をどう使ったのだろうか。つい「どんな賢い使い方を？」などと想像してしまうが、実際は**離婚の慰謝料にあてたことがわかっている**。アインシュタインの妻・ミレヴァは物理に明るく、特殊相対性理論の提唱にも貢献したが、夫は家庭を顧みず、ついに離婚を決意する。その際、ノーベル賞を獲ったらその賞金を全額渡すという約束をし、見事4年後に実現した。夫婦としての絆はともかく、科学者としての信頼はあったのかもしれない。

ガムテープとベニヤ板は、エジソンが家を建てるために発明した！

言わずと知れた発明王・エジソン。彼が日本の竹から電球の部品をつくったことは、あまりにも有名だ。そんなエジソンだが、白熱電球を発明したあと気づいたことがある……電球があっても、それを普及させられるほどの電気がない！　そこで、彼は一計を案じた。電気がないなら作ればいいじゃないとばかりに、水力発電所を建設したのだ。水力発電にはダムが要る。ダムを造るには労働者が寝泊まりできる場所が必要。こんないきさつで、**今度はプレハブ住宅を思いつき、その建材としてベニヤ板とそれを固定するためのガムテープを開発した**。まったく、発明王は発想力が違う。必要なものを芋づる式に自分でつくっていったのだ。

なお、「ガムテープ」は和製英語で、英語圏では「ダクトテープ」という。ダクト、つまり本来は水道管の修理ができるほど粘着力のあるテープだったので、家を建てるのにも使えたのである。

おひつじ座・おうし座・わし座・はくちょう座は、ぜんぶ同一人物！

星座には、古代の人が伝えてきた様々な伝説がある。諸説あるものの、たとえばおとめ座は正義の女神アストライアーだといわれ、その横のてんびん座は、彼女が正義を計る道具だとされている。

有名な星座には、他にもおひつじ座・おうし座・わし座・はくちょう座などがあるが、これらはギリシャ神話の最高神・ゼウスの化身であるといわれる。おひつじ座はゼウスが巨人族に襲われ姿を変えた羊、おうし座はエウロペという女性をさらうときの姿、わし座は美少年ガニュメデスを連れて行くときの様子、はくちょう座はレダという女性のもとに転がり込んだときの変装だといわれる。なお、エウロペはヨーロッパの語源だ。彼女がゼウスに連れまわされた領域が現在の欧州である。また、さらわれてお酌係になったガニュメデスの姿は、いわゆるみずがめ座になった。そしてゼウスと通じたレダが生んだ卵からは、ふたご座の双子が誕生したといわれる。

水も飲みすぎれば中毒になる！

ヒトの体に欠かせない水。細胞に栄養素を届けたり、老廃物を体外に排出したりといった役割があり、もしまったく摂取しなければ3～5日で死に至る。体内から水が2％なくなると喉が渇き、5％失えば頭痛やめまいが起こる。これが「水分補給は喉が渇いてからでは遅い」といわれるゆえんである。では、水をたくさん摂りすぎた場合はどうなるのだろう。

水の過剰摂取は「水中毒」に繋がる。水中毒になると、血液中の塩分濃度が低下し、軽い場合でも疲労感や頭痛が引き起こされ、重い場合には命を失うこともある。実際、海外で水をどれだけ多く飲めるかというコンテストが行われた際には、約7リットルを体内に入れた女性が死亡した。これは極端な例であり、体格などにもよるものの、**一般に1日に3リットル以上水を飲むと中毒に繋がることがあるといわれる**。そのため、水は一気飲みせず、やはり喉が渇く前にこまめに摂取するのがよいとされる。

赤いスイートピーがあればももいろクローバーもある！

かつて筆者は、某番組で〇×クイズをつくろうとしていた。クイズの挑戦者をアイドルグループ・ももいろクローバーZが応援するという企画だったため、何か彼女たちにまつわる問題が出したかった。そのとき、ふと思いついた――ピンクのクローバーって本当にあるのか……？　調べてみたところ、複数実在することがわかった。**栽培時期や品種によって「ももいろ」よりも濃いピンクになるものもあるものの、日本の見元園芸によるオリジナル品種「ビューティー」や、北欧で開発された「プリンセスクローバー」シリーズがそれである。**

ちなみに、松田聖子の歌で有名な「赤いスイートピー」も実在する。より詳しくいえば、**赤系のスイートピーは以前からあったが、あの曲がヒットしたことで品種改良が加速し、鮮やかな赤のスイートピーが流通するようになった。**植物の開発にまで作用するとは、名曲の影響力は計り知れない。

医者は昔、白衣ならぬ黒衣を着ていた！

白衣のイメージがある医者は、かつて真逆の黒衣を着ていた。これは、礼節を重んじるために黒のフロックコート（礼服）を着用したからだ。礼儀は守れても、人命はいまより失われがちだった。昔の医療は科学性に乏しく、信頼度が低かったため、黒衣の医者にあまり良いイメージはなかった。

医者が科学に基づいて活動するようになった19世紀以降、彼らはイメージアップのためにある方法を採った。それは科学者を真似ることだった。科学者は、服に薬品や汚れがついたときに目立ちやすいよう、白衣を着る。その文化を導入し、「科学に基づいて活動しています」とアピールしたわけだ。

なお、近年では白衣からさらに進化している。よく見られるのが、「スクラブ」とよばれる、Vネックで半袖が一般的な衣服だ。スクラブとは「ごしごし洗う」という意味で、その名のとおり頻繁に洗っても生地が傷みにくい。また、白衣より袖口が短いので、汚れた袖口で患者にふれる心配も減る。

火星の夕焼けは、青色！

夕焼けといえば、赤やオレンジが美しい現象だ。赤みがかって見えるのは、日光が昼間に比べて斜めに長い距離を通ってくるため、波長の短い青い光は散乱して私たちの目に届きづらく、波長の長い赤い光は目まで届きやすいからである。また、空気中に水蒸気が多いと、それが障害物となって日光がより散乱する。そのため、波長の長い赤い光以外が届きにくくなり、雨の前の夕焼けは妙に赤く感じるという現象が起こる。

さて、地球以外の星では夕焼けはどのように見えるのだろう。ＮＡＳＡの探査機が実際に撮影したところによると、人類の移住先としても有力視される火星は、夕焼けの色が青である。これは、**地球よりも空気、つまり障害物が少ない状態で日光が届けられるため、波長の短い青色の光でも地表に届きやすい一方、火星の砂の色が赤色がかっているので赤系の色はよく散乱する環境にあるからだ。**青い夕焼けも、また乙なものかもしれない。

人間の味覚は、甘味・酸味・塩味・苦味・うま味……脂肪味！

うま味は、日本の科学者・池田菊苗によって発見された。味覚といえばそれまでは甘味・酸味・塩味・苦味の4つだったのだが、昆布だしの主成分がグルタミン酸であることを突き止め、発見から約100年を経て世界に知られる味覚のひとつになった。

現代では、池田博士のころよりもさらに研究が進んでいる。**2018年には九州大学の研究チームにより、新たな味覚「脂肪味」が提唱された。**従来、脂肪は脂っこさという食感だけに影響を与えていると思われていたのだが、実験してみると、たいていの人は脂肪酸が入った水とそうでない水を区別することができた。調査の結果、甘味や苦味と同様、脂肪の有無についても舌から脳に伝える神経があり、実は「脂肪味」というものが存在することがわかったのだ。なお、脂肪味によって脂肪の有無が判断できると、体が必要とする栄養素が過不足なく摂れ、健康の維持に役立つといわれている。

手の爪がなくなると、ものがつかめなくなる！

手や足の爪は骨ではなく、皮膚と同じたんぱく質からできている。材質が同じだけあって、爪は皮膚から進化したものなのだが、なぜ固く変化する必要があったのだろうか。

ひとつには、指先の保護という目的がある。物をさわる指の先を固くすることで、切れたり傷ついたりしにくくなるのである。これにはもうひとつよいことがある。人間の骨は、体の端々まで張り巡らされているとぶつかったときの衝撃を吸収できなかったり骨がいたんだりするため、指の途中までしかない。このとき、なにもなければ先端はふにゃふにゃだが、爪で補強することで強度を維持することができる。また、**骨がない分爪が力を支えることになるため、爪がないと物をつかむことすら難しい**。足の爪に至っては、歩行の際につま先に力をかけるときにも役立つため、爪がなければ歩き心地さえ変わる。人体の仕組みとは、まったくよくできたものである。

オリンピックとノーベル賞のメダル、両方獲った人がいる！

オリンピックやノーベル賞は、世界的な名誉である。片方でメダルを獲るだけでもすごいが、世界にひとりだけ、両方のメダルを手にした人がいる。**イギリス出身のフィリップ・ノエル＝ベーカーは、青年時代、陸上選手として知られた。彼は1920年のアントワープ五輪に出場し、男子1500メートルで銀メダルを獲得した。**その後、ノエル＝ベーカーは外交官となった。アメリカ大統領とともに国際連盟を発足させ、捕虜の帰還事業にも尽力するなど、世界的な平和活動を展開。これらの活動が認められて、**1959年にノーベル平和賞を受賞した。**

なお、ノーベル賞とそのパロディであるイグノーベル賞の両方を受賞した人物もひとりいる。オランダの科学者アンドレ・ガイムは、炭素が結合したグラフェンという物質の研究でノーベル物理学賞に輝き、磁気を使ってカエルを浮遊させる実験をしたことでイグノーベル賞を受賞した。

地球にはエベレストより高い山はできない！

地球で一番高い山といえば、かの有名なエベレストだ。この山の名前はインドの測量局の長官ジョージ・エベレストにちなみ、その標高は8848メートルを誇る。

ところで、世界一高い山がエベレストなのはなぜだろうか。何をもって「高い」とするかにもよるが（たとえば、地球の中心からの距離でいえば南米のチンボラソ山が最高峰だ）、いずれにせよ地球の山がエベレストを超えないのには理由がある。**山は大変重く、下にある地殻を圧迫する。それゆえ、山の重さに地殻が耐えられなくなると成長が止まる。**限界まで成長した山は高原になったり、周囲の土地が隆起して新たな山になったりする。なお、地球の環境だとエベレスト程度が限界だが、重力が小さく地殻変動が少ない星ではもっと高い山もできる。たとえば、重力が地球の約3分の1である火星の最高峰は、エベレストの約3倍の高さのオリンポス山だ。

稲妻には、地面から空へ走るものもある！

夕立のときなどにみかける稲妻には、これが多い年は豊作になるという言い伝えがある。この伝承は正しい可能性が高く、稲妻が発生した地域では地面に植物の生育に有利な窒素が届けられることがわかっている。

稲妻というと、空の高いところから地面に落ちる印象があるが、実は、まったく逆に地面から空に走るものもある。**稲妻はマイナスの電気がプラスの電気に向かって移動することで発生するため、地面にマイナス、空にプラスの電気がある場合には、下から上に登ることもあるのだ。この現象は雷樹とよばれ、日本では日本海側で冬にみられる場合が多い。**

なお、鍾乳石にも、上から垂れ下がらず地面から伸びていくものがある。これは、石灰を含む水の雫が地面に少しずつ落ちていくことで成分が固まり、長い年月をかけて成長していったものである。このような鍾乳石は、その見た目から「石筍（せきじゅん）」、すなわち石のタケノコとよばれている。

地球の海は、昔猛毒だった！

母なる海は、昔猛毒だった。こういうと意外に思われるかもしれないが、**原始の海には、活発な火山活動によってマグマに含まれた硫黄や硫酸、毒物として有名な青酸カリなど、人体に影響のある物質が溶け出していた。**水温は100~200度、雨も300度という高温で、現代と比べるとあまりにも過酷な環境であった。

そもそも、私たちの呼吸に必要な酸素もまた、かつては猛毒だった。昔の地球の大気はその多くを二酸化炭素が占めており、生物たちも酸素でなく二酸化炭素を使う生活をしていた。ところが、地球上に光合成ができるバクテリアが生まれると、彼らは二酸化炭素を取り入れて酸素を生み出すようになった。慣れない物質に多くの生き物が死滅したようだが、地中や海中深くもぐって難を逃れるものや、猛毒の酸素を呼吸に利用できる生き物が登場。彼らの活動と地球の環境変化により、現在のような海ができあがった。

筋肉痛は、年を取っても遅れない！

年を取ると筋肉痛が遅れてやってくる――よく聞く話だが、これは間違いだ。**筋肉痛が遅れてくるのは、主に運動の激しさと運動不足の兼ね合いだ。**

筋肉痛は、筋肉を修復する過程などで起こる。ハードな運動をした場合、筋肉のいたみも多くなるので、早く元に戻そうと筋肉痛も比較的早くやってくる。これに対し、軽い運動では筋肉の損傷が少なく、治すのもゆっくりでよいため、筋肉痛が遅れてくる傾向がある。そして、運動不足の人は普段筋肉がたくさんいたむような動作は行わない。そんな状況で慣れない運動をすると、たいした強度でなくても筋肉の修復が必要となり、それにかかる時間も長い。このためやはり、筋肉痛は遅れてやってくる。

なんだか日頃の生活を反省してしまう情報だが、ある意味希望もある。年のせいで筋肉痛が遅れてくるわけではないのなら、普段から運動を続けることにより、若々しく元気に動ける可能性があるということではなかろうか。

空腹を放置すると、なぜ途中から気にならなくなってくるのか？

ヒトは、一般に血糖値が下がると空腹を感じる。これは、血糖値の低さに脳が反応して、何か食べるようにという指令を出すからだ。

ところが、空腹を感じても放置すると、しばらくして気にならなくなりはじめる。これはなぜだろうか。

わずかな時間での話なら、ありていにいえば慣れの問題だ。しかし、長時間食事を摂らずに空腹を放置した場合、体を動かすエネルギーの生み出し方が普段とは変わってくる。ヒトは一般に炭水化物を分解して糖をつくり、それを体の養分とするのだが、**長く炭水化物を摂らずにいると、今度は脂肪を分解してエネルギーに変えはじめる。このときに出るケトン体という物質は、空腹感がなくなる方向に満腹中枢を刺激するので、おなかがすいたとは感じにくくなっていく。**時折ダイエット中の人から甘酸っぱい匂いがするのも、このケトンが出ているからだ。

涙の味は、泣いたときの感情によって変わる！

よく「血の涙を流す」などというが、比喩表現にとどまらず、涙の原料は実は血である。涙とは、涙腺内で血管から得た血をこしとり、血球などを除いて液体のみを取り出したものだ。こうしてできた涙は目の表面を清潔に保ち、角膜を潤して物をきれいに見ることを助けるというはたらきがある。

このように、涙は人体の成分からできる液体なので、神経の作用によって少し味が変わる。たとえば、**悔しいときや怒ったときは、興奮を伝える交感神経が優位になるため、腎臓のナトリウム排泄機能が抑えられて体内に塩分が多い状態となり、塩分の多い血液からできた涙も自然辛くなる。**一方で、喜びの涙の場合は、リラックスを司る副交感神経が優位になるため、腎臓のはたらきは抑制されない。体に塩分が多くないということはバランスをとるために水分を保とうという作用も薄いため、涙の量自体も多く、悔し涙などに比べるとやや甘めの味になる。

植物が緑色になったのは、先祖が光合成が下手だったから！

植物はなぜ緑色なのだろう。子どものころにふと考えた方もいるかもしれないが、これにはきちんと理由がある。

いま私たちが目にする植物は、海で暮らしていた緑藻類（りょくそうるい）の一部が進化したものだ。海中には、緑藻類の他にも、褐藻類（かっそうるい）（ワカメやヒジキなど）や紅藻類（こうそうるい）（寒天の材料になるテングサなど）といった藻が生息している。ではなぜ緑藻類が植物になったのかといえば、それは**ズバリ光合成が下手だからだ。**褐藻類や紅藻類は光合成をするだけでなくそれを補助する物質が出せるので、わずかな日光でもやっていける。一方、**緑藻類の一部はこの物質を出すことができなくなり、しだいに日光の届きやすい浅瀬に逃げてきたといわれる。**その結果、子孫が陸に上がって植物となった。つまり、もし陸に上がる藻の色が違ったら、植物は赤や茶色だったかもしれないということだ。身近な植物の色にこんないきさつがあったとは、奥深い！

土星の環はいずれなくなる！

土星の環は、土星を土星たらしめているといっても過言ではない。ところがあの立派な環は意外と最近、いまから約1億年前にできたといわれる。そして、NASAによれば、あと1億年ほどでなくなるらしい。

土星の環は主に氷でできている。観測船のデータによると、この氷は土星本体に雨のように降っていることがわかっている。降るということは減るということだ。こうしていずれなくなってしまうといわれる。

なお、地球からはきれいな円盤型にみえる環だが、実際には氷（水）の粒などがバラバラに浮かんでいる状態だ。これらが引力と遠心力のバランスのとれた位置に集まり、一定方向に回ることで環にみえる。

ちなみに、太陽系の惑星では、土星以外にも木星・天王星・海王星に環があることがわかっている。ただし、これらは土星のそれに比べて見えづらく、1900年代になってやっとみつかった。

どんぐりの帽子は何のためにあるのか？

多くの人が一度は拾ったことがあるであろうどんぐり。ころんとした実にベレー帽のような部分がついてかわいらしいが、あの帽子はいったい何のためにあるのだろうか。

実は、どんぐりの帽子にはれっきとした名前がある。**殻斗（かくと）といって、雌花を包む葉が変化したものだ。主に成長途中の実を守るためにあり、どんぐりの付け根のやわらかい部分から虫が入らないよう、堅い帽子で保護している。**このような用途なので、成長したどんぐりの実からは、しばしば殻斗が外れる。公園などに転がっている帽子の取れたどんぐりは、十分に成長したからこその姿だといえる。

ちなみに、クリのイガも殻斗の一種である。また、似た役割の組織としては、植物のヘタが挙げられる。ヘタはつぼみと花を保護するためのもので、つぼみのうちはヘタで覆って守り、花が咲いた後は落ちないように支える。

つむじにもちゃんと役割がある!

髪が渦巻き状に生える「つむじ」。ヘアスタイルに影響したり、ふたつある人がいたりとなにかと気になる部分だが、ちゃんと役割がある。

ひとつには、**直射日光から頭を守ること**が挙げられる。もしつむじがなくまっすぐ髪の毛が生えてしまうと、髪の層で段階的に覆うことが難しいため毛流れが分かれて頭皮が露出し、人体に影響のある強い日光を浴びてしまう。

また、もうひとつの主要な理由は、**ケガから身を守るため**だといわれる。つむじによって一定の毛流れをつくることで、物がぶつかっても滑りやすくなり、大きなケガが避けられるのだ。

ちなみに、つむじと並んで存在意義が謎な鼻と口の間の溝は、かつて鼻を湿らせ、においを嗅ぎとりやすくするためにあった(イヌの鼻などを見るとわかりやすい)。しかしヒトを含む多くのサルの仲間ではその役割がなくなり、昔の名残として現存する。

遠い未来、すべての大陸はひとつになるかもしれない？

かつて地球には、「パンゲア大陸」とよばれる全陸地がつながった大陸があった。「パンゲア」自体がズバリ「すべての大地」という意味で、古代の超大陸としては最も有名だ。実は地球上には、パンゲア大陸以外にも、3～4回ほど多くの陸地がつながった超大陸が形成されてきた。このことは未来でも同様で、**2億5000万年後から3億年後くらいの期間には、パンゲア・ウルティマ大陸**（名前は「最終的なパンゲア」の意）**が出現するとみられている**。このとき、日本列島は大陸に呑まれてなくなる。日本という国どころか、その土地ごと消滅してしまう。

ちなみに、「アジア」は日の出る方向を昔「アス」とよんでいたことに由来する名だ。これに対し、アメリカはこの地を新大陸だと指摘した探検家アメリゴ・ベスプッチにちなむ。そしてアフリカは、居住していた部族の名や、エジプト語で「誕生したところ」を意味する言葉に拠るという説がある。

体内でアルコールをつくれる人がいる！

アルコールは、古来様々な文化で親しまれてきた。ヒトだけでなく、サルやゾウも自然にできたお酒を摂取することがあるという。

「体内でアルコールをつくれる人がいる」というと、お酒好きの人は一瞬うらやましく思うかもしれない。しかしこれは、あまりありがたい話ではなく、本人の日常生活に大きな影響を与えうる。この現象は、**「自動醸造症候群」とよばれ、腸内細菌に特定の酵母が多いことで引き起こされる。**酵母菌といえば、ビールや日本酒の発酵に使われるあの生き物だ。この症状がある場合、**食事をとることで発酵がはじまり、意図せずアルコールがつくられてしまう。**その結果、お酒を一滴も飲んでないのに酔っぱらったり、警察に飲酒運転と勘違いされて捕まったりする例が起こった。ちなみに、この現象を防ぐためには、酵母のエサとなる炭水化物の摂取を少なめにすることが有効だ。まだまだ認知度が低い症状だが、少しずつ対策が可能になってきている。

血液型は、ごく稀に人生の途中で変わることがある！

一般に、一生変わらないとされる血液型。たしかにこれは基本なのだが、絶対変わらないかといえばそうでもない。たとえば、**骨髄移植でドナーの血を造る細胞が体内に入った場合、これまでと異なる血液型になることがある。**また、血液型そのものに変化はなくても、赤ちゃんのころは血液検査の反応が出にくいことがあり、後年再検査をしたときにこれまで聞かされていた血液型ではなかったと気づくこともある。

ちなみに、記録上世界で初めてヒトに輸血されたのはヒツジの血だ。この輸血はフランスの医師・ドニが1667年に行ったもので、貧血と高熱にみまわれた少年を見事救うことができた。しかしその後死亡事故が発生し、ドニは裁判にかけられた。彼は無罪となったが、その後しばらく欧州では輸血が禁じられてしまった。比較的安全に輸血ができるようになったのは、ドニの挑戦から実に200年以上も後、ABO式血液型が発見されてからである。

人類初！　政府公認サイボーグになった男がいる！

サイボーグは、人体の機能が補助・強化された存在として、フィクションの世界で様々なかたちで扱われている。かつては夢物語と思われた技術も、いまでは徐々に現実のものとなり、なかには機械と融合することで新しい感覚を得た人さえいる。

イギリス生まれのニール・ハービソン氏は、生まれつき色を判別することができなかった。彼の視界はずっと白黒だったが、あるとき頭にアンテナを埋め、色を音で識別することを思いついた。その仕組みは、アンテナで受信した光の波長を振動に変換し、頭がい骨に伝導することで「色を聴く」というものだ。これにより、彼はなんと、紫外線や赤外線などヒトの裸眼では見えない光線まで感知できるようになった。**常にアンテナを装着しているハービソン氏は、パスポートの写真もアンテナつきだ。こうして政府に認められた世界初のサイボーグとなり、現在はアーティストとして活躍している。**

バナナはお湯につけると甘くなる！

朝食やおやつとしておなじみのバナナだが、イマイチ甘くないときにはどうしたらよいか。ひとつ家庭で簡単に試せる方法がある。

結論からいえば、バナナを40～50度のお湯に5分程度つけ、室温で1時間ほど放置すると甘くなる。**バナナには人間の唾液と同じアミラーゼという酵素が含まれており、お湯につけるとこれが活性化、バナナのでんぷんが分解されて糖になる。**要は、ごはんを噛んだときに甘く感じるのと同じ仕組みだ。これを利用すれば、特売の安いバナナもねっとりと甘い高級品のようになる。ただし、温度と時間には注意が必要だ。低温では酵素が働かず、適温でも長時間お湯につけると実がでろでろに溶けてしまう。

ちなみに、バナナが曲がっているのは太陽の光を浴びようと伸びあがったためである。逆にいえば、たまに見かけるまっすぐに近いものはその必要がなかった、つまり日光をたっぷり浴びて育ったのでおいしいといわれる。

ユーカリは山火事とともに生きている！

ユーカリといえば、コアラの食べ物。この情報が有名なせいか、ユーカリにはどこかのんびりとしたイメージがある。しかし、その生存戦略は、お世辞にものんびりしているとはいえない。どちらかといえば超タカ派、なんと**火事を利用して子孫を増やすのである**。

ユーカリの木にはテルペンという油が多く含まれる。このテルペンは揮発性で、しばしば山火事の原因になる。いざ火事が起こると、ユーカリの種は火に誘発されて発芽する。そして、**他の木々が燃え落ちた焼け野原で日光を独占して（！）育つのである**。火事を起こすだけでなく、巻き込まれた場合への対策もバッチリだ。**幹の外側は燃えやすくはがれやすいため、火に焼かれると樹皮がぺろんと剥がれ落ちる**。これにより、内側の大事な部分は焼けずに守られる、というわけだ。いまや、オーストラリアの森の9割はユーカリで構成されている。おそるべき生存戦略だ。

赤ちゃんが最初に見えるようになる色は、赤！

赤ちゃんは、母親の子宮にいるときから明暗を認識することができる。生まれた後もしばらくは明暗でものを認識し、生後10～12週間になると、はじめて赤色が見えてくる。その後しばらくして緑・青・黄などが識別できるようになる。そして、奥行きの感覚が養われ、手と目の動きを連動させられるようになった後、およそ3～4か月でほとんどの色が見えるようになる。

赤ちゃん向けのおもちゃがしばしば原色系なのも、ヒトの視覚がこのように発達するからだ。小さい子どもに早くから興味をもってもらうには、鮮やかな色の方が都合がよい。

なお、なぜ最初に見えるのが赤なのかといえば、もともと人間の目は赤色のように波長が長い色ほど見やすい構造になっているからだ。また、色を受け取る細胞には赤・青・緑を感じる3種類があり、そのなかでも一番多いのが赤色であるためだと思われる。

標高が高い場所と低い場所では、高い場所の方が時間が速く進む！

置かれた環境は違っても、時間の流れだけは誰にでも平等だ――よく聞く名言であり、個人的にはわりと信じているのだが、物理的にはウソである。たとえば、エベレストの頂上と日本の東京駅では、東京駅の方が時間の流れが少し遅い。なぜなら、**重力が強い場所では時間が遅くなり、重力が弱い場所では時間が速くなるからだ。このように、時間の流れは置かれた環境によって相対的に変わる。これを説明したのが、アインシュタインの一般相対性理論である。**

とはいえ、エベレストと東京駅程度の違いの場合、生身の人間は基本的に時間差を感知できない。一方で、衛星と通信して地球上の位置を把握するGPSなどでは、一般相対性理論の考え方を加味しないと使い物にならないほど精度にブレが出る。携帯電話がきちんと機能するのも、カーナビで正確にルートがわかるのも、この理論のおかげなのである。

熱いものを食べるとなぜ鼻がぐずぐずするのか？

鍋物やラーメンなど、熱々のものを食べると鼻がぐずぐずするという人がいる。**その原因は、食べ物の湯気が鼻の中に入ると熱いまま肺に送らないよう鼻水で冷やそうとすること、そしてその鼻水で湯気が水に戻り、さらに鼻の中に水分が増えるからだ。**この現象を抑えたい場合、湯気を吸いこまないよう呼吸のタイミングを調整することや、上着を羽織って食べ物と体の温度差を感じにくくすることが有効だといわれている。

ところで、最新の研究によれば、ヒトは少なくとも1兆種類のにおいを嗅ぎ分けられるという。ヒトの鼻にある嗅覚の受容体は約400個であり、ネズミ（約1200個）やゾウ（約2000個）に比べるとかなり少ないのだが、どの受容体が活性化したかを組み合わせることにより、多数の香りを識別している。ちなみに、受容体が12個であるイルカの場合、嗅覚は基本的に機能しておらず、聴覚に頼って生活しているといわれている。

笑顔はもともと威嚇から進化した？

人が笑うとき、そこには色々な理由がある。楽しくて笑う、くすぐったくて笑う、場の雰囲気から浮くまいと笑うなど、その背景は実に様々だ。

この「笑顔」には、威嚇の表情から進化したという説がある。歯を剥きだして口角を上げる動作は、なるほどたしかに道行くイヌやネコのケンカでよくみかける。また、霊長類の場合、スマイル（smile）とラフ（laugh）の違いも指摘されている。**スマイルは歯列を合わせたまま口角を引く表情**で、地位の低いサルが地位の高いサルに敵意がないことを伝える際にみせたり、地位の高い個体が地位の低い個体を安心させようとするときに使われたりする。また、**ラフは口を丸く開け、口角を引く表情**だ。こちらは仲間と遊ぶときによくみられる。このように、霊長類の笑いにも種類があるが、威嚇や服従の表情が、相手に敵意がないことを伝えさらには友好を表すようになったという指摘は興味深い。社会性が重要な生き物であったがゆえの進化だろう。

ゆで卵は頑張れば生卵に戻せる！

卵はゆでるとなぜ固くなるのだろうか。これは、生き物のたんぱく質には熱で固まる性質があり、卵はそんなたんぱく質を豊富に含む食材であるためだ。では、一度固まった卵は元に戻せないのだろうか。結論からいえば、かなりの手間をかければ生の状態にすることができる。具体的な方法は、**ゆで卵に尿素を注入し、特別な装置にかけ、圧力を加える**というもので、状態が戻ったところで正直おいしそうには感じられない。

ちなみに、この研究はイグノーベル賞という賞に輝いている。イグノーベル賞とは「人々を笑わせ、そして考えさせる」研究に対して与えられるもので、日本勢は受賞の常連だ。たとえば、1992年の医学賞は足の匂いの原因となる化学物質の特定に対して贈られ、2020年の音響学賞はワニにヘリウムガスを吸わせるとヒトと同じように声が高くなるという発見が対象となった。興味深すぎる研究の数々が毎年注目される賞である。

ハトはなぜハト胸なのか？

前にせり出した胸を表す「ハト胸」という言葉。ハトは実際に胸が大きく、一般的な鳥では胸の筋肉が体重の2割程度であるのに対し、この鳥の場合は約4割もの重量がある。**ハトがこのような体型になったのは、ズバリ素早く逃げるためだという**。小回りの利く体も鋭い爪もないハトは、天敵に襲われたらとにかく逃げる。そんなとき、強力な胸の筋肉があれば急発進が可能となる。ハトの飛行速度はうまく風にのれば時速100キロメートル以上も出るというから、あの胸はハトの生存戦略に大いに役立っているのだ。

ところで、ハトはなぜ平和の象徴といわれるのだろうか。これは、ユダヤ教やキリスト教で言及されるノアの方舟の逸話で、大洪水のあと方舟から出たハトがオリーブの枝をくわえてきたことで水がひいたとわかったこと、ピカソがデザインした平和擁護世界大会のポスターにハトの絵が描かれていたことなどから、平和のイメージが定着していったのだという。

アマゾン川の地下には、もっと幅の広い別の川が流れている！

南米のアマゾン川は、世界最大の流域面積を誇る大河である。しかし近年、**その地下深くに巨大な別の川が流れていることが判明した。**

この川は、発見した研究者にちなんで「ハンザ川」という。川幅は200〜400キロメートルもあり、アマゾンの河口よりもはるかに広い。一方で、ハンザ川は地下深くを土砂混じりで流れるため、1年に10〜100メートルほどしか水が動かない。こうしてゆっくりと流れていったハンザ川は、地下深くで海に合流する。なんとも気が長く、雄大な話である。

ちなみに、アマゾン川にはピンクのイルカが棲んでいる。その名もアマゾンカワイルカといい、海にいる種に比べると口先が長く、頸椎の構造上首が曲がりやすい。このような特徴があるのは、熱帯雨林を縫って流れるアマゾン川で暮らすからこそだ。川に生えている木を避けながら泳ぎ、枝や根の間に逃げた獲物も捕まえやすいのだ。

ニワトリは朝鳴く順番が決まっている！

風見鶏のニワトリには、魔除けの意味が込められているという。この理由としては複数のいわれがあるが、キリスト教で初代ローマ教皇のペトロがニワトリの声を聴いて覚醒したとされることや、夜の闇を追い払って光を呼び込むイメージがあるからだといわれる。

実際、雄鶏は朝鳴くのだが、発声する順番には厳密な序列がある。簡単にいうと、**ケンカに強いものから鳴きはじめ、うっかり下位のものが先に鳴くと周囲からつつかれてしまう**。そのため、ニワトリのあの鳴き声は、強さの誇示や縄張りの主張、異性へのアピールだといわれている。

ちなみに、鳴き声と並んでニワトリをイメージさせるものに卵があるが、あの卵は、殻が割れても黄身が無事ならばヒヨコになることがある。これは、日本の高校の先生による発見で、生物の授業で卵の殻を割って中を観察する際、命が失われずに済む方法を検討した結果わかったことである。

ゴジラ座という星座がある！

星座は星々を繫いである形に見立てたもので、住所のように夜空の特定の領域を表すときにも使われる。**「おとめ座」や「ふたご座」といった一般によく知られる星座は全天88星座とよばれ、古くから言い伝えられてきたものが1922年の国際天文学連合で採択されたものだ。**

星座は、厳密にいえば88星座だけではない。古くは、日本にもオリオン座を楽器の鼓に見立てた「つづみ星」などがあった。近年では、目に見える星に限らず、ガンマ線（放射線の一種）を放出する天体を選んでつくった新たな星座が制定された。これはＮＡＳＡなどの研究チームによるもので、日本に縁のあるものだと富士山座やゴジラ座が実在する。ちなみに、富士山座は宇宙望遠鏡への日本の研究者の貢献からつくられた。**ゴジラ座は、ガンマ線バーストという現象がゴジラの出す熱線と似ていることから名づけられた。**なお、他にはエッフェル塔座やアインシュタイン座などもある。

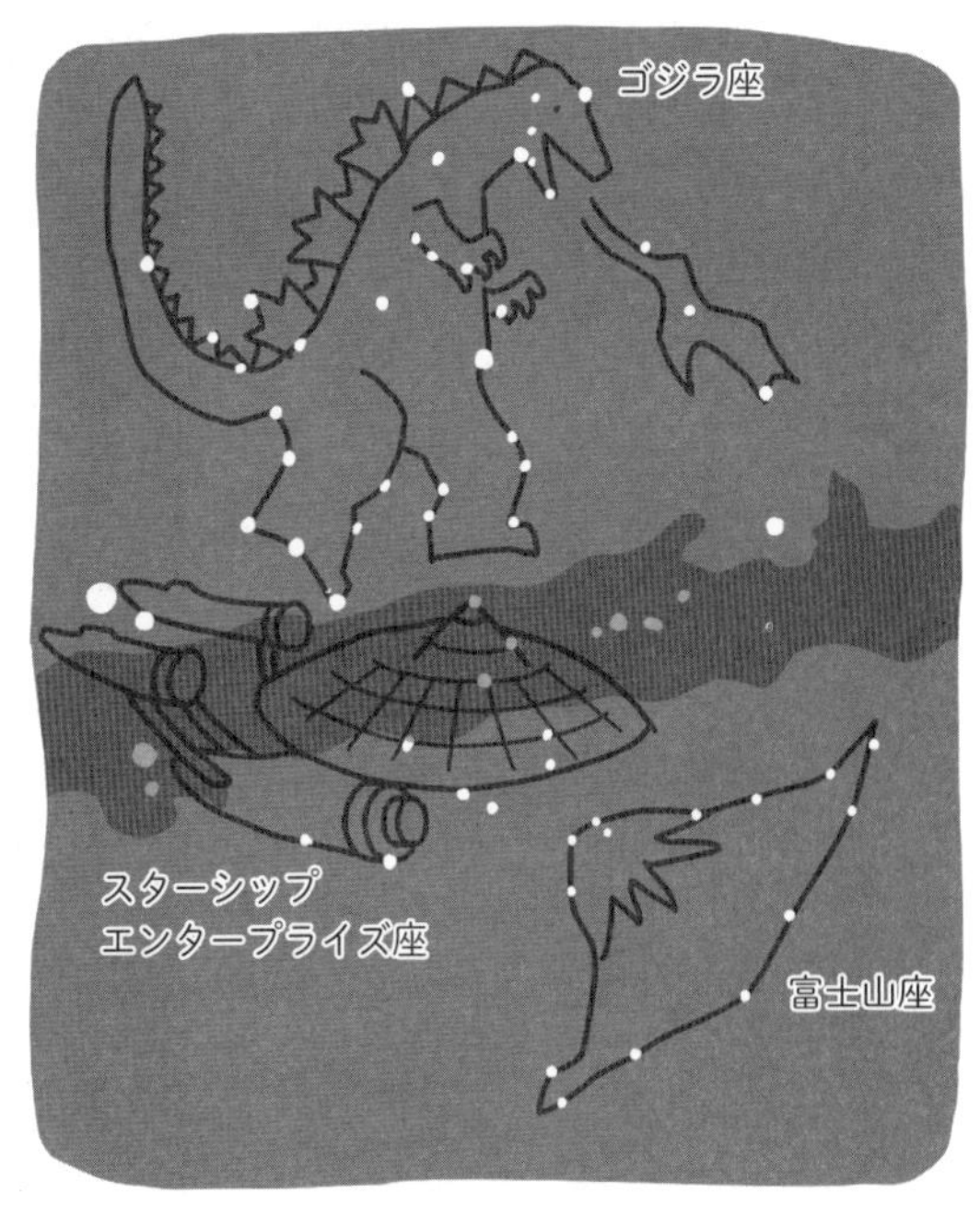

見上げればゴジラ座や富士山座だけではなく、スタートレックに登場するスターシップエンタープライズ座がそばにある。他にも星の王子様座などがある。

科学の教養クイズ！

正解と思うものを選んでください。

QUIZ 1

次のうち、地球外にもあるのは？

A.四国　B.九州　C.本州

QUIZ 2

蝋燭の火が赤く見えるのは、主に何による作用？

A.酸素　B.炭素　C.塩素

QUIZ 3

次のうち、よく腕時計のガラスとして使われる宝石はどれ？

A.サファイア　B.オパール　C.エメラルド

QUIZ 4

灰色に見えるほこり。顕微鏡で観察すると、実際にはどんな色？

A.白　B.青　C.いろんな色

QUIZ 5

静電気で「バチッ」となりにくいとされる方法は？

A.食事を控える　B.保湿剤を塗る　C.体をよく洗う

QUIZ 6

ソフトクリームの絞り口に星型のものが多いのはなぜ？

A.節約のため　B.巻きやすいから　C.とけにくいから

QUIZ 7

お風呂に入ったとき指がしわしわになるのはなぜだといわれている？

A.効率よく体を温めるため　B.脂肪が膨らむから
C.濡れたものを掴むため

答え

QUIZ 1 正解A

土星の衛星・タイタンの地形の名前にshikokuがある。これは、その場所が四国の形に似ていることに由来する。

QUIZ 2 正解B

炭素の集まりであるすすの温度が上がり、熱を失う過程で赤く光る。

QUIZ 3 正解A

モース硬度がダイヤに次いで高いため人工のサファイアを使う。この際、色の元になる不純物を入れないので基本的に無色。

QUIZ 4 正解C

様々な色の繊維などが絡み合っているので、絵の具を複数混ぜると色が暗くなるのと同様、人の目には灰色に見える。

QUIZ 5 正解B

静電気は乾燥によって物の表面にある水からの放電がなくなることで起こりやすくなるので、水分を補うと収まりやすい。

QUIZ 6 正解B

星型は断面係数（この値が大きい物は曲げにくい）が小さいので、クリームが巻きやすく、高く重ねることができる。

QUIZ 7 正解C

かつては指先がふやけやすいなどとされたが、今は水面下の物が掴みやすいようにヒトが適応した結果などと指摘されている。

CHAPTER

3

動物の超雑学

ゴリラを見るための専用メガネがある！

世の中には、一見何に使うのかわからない道具がたくさんある。たとえば、**オランダで開発されたメガネには、なぜか明後日の方向を見ている目が表面に印刷されているものがある。**

このメガネは、Bokito Viewerという。「Bokito（ボキト）」とは、2007年にオランダのロッテルダム動物園で脱走し、目が合ったと思われる女性を襲ったゴリラの名だ。ゴリラは目が合うと攻撃的になる習性がある。より正確にいえば、サルの類は基本的にそうで、目が合うと挑戦とみなされて、互いの優劣をつけることになる。ヒトであっても、何気なく他人と目が合うと気まずいものだ。そう思えば、野生動物の反応として何が起こるか、想像に難くない。

というわけで、来場者にゴリラ観察用のこのメガネが配られることになった。**このメガネをかければ、ゴリラを見ていないふりをしつつしっかり観察することができる、というわけだ。**

ネコはキウイフルーツで酔っぱらう！

ネコはしばしば、マタタビで酔っぱらったようになることで知られる。その理由はこれまで不明だったが、近年になってマタタビに含まれるネペタラクトールという成分を体にすりつけようとしているらしいことが明らかになった。このネペタラクトールには、蚊よけの効果がある。ご存じのとおり、蚊は吸血によって様々な病気を媒介するため、刺されずに身を守れる手段があることは生存率アップに繋がるのだろう。

ところで、「マタタビ」という一風変わった名前の由来には、この植物の実を食べると疲労回復効果があり、旅人が「また旅」を続けられるようになるからだ、という説がある。**同じ科の植物としてはキウイフルーツがあり、実の形などがそっくりだ。ちなみに、同科だけあってネコはキウイフルーツでも酔っぱらう。**特に効くのは茎や根の部分で、キウイ農家ではネコがキウイの根を掘り返したりしないよう、ネットを張るなどの対策をしている。

ハクチョウはリアルスワンボートになって子どもを運ぶ！

レジャー施設などでみかけるスワンボート。水面を優雅に泳ぐハクチョウを模したものだが、実は**ハクチョウは、本当に親が舟代わりになって子どもを運ぶ**。公園などでハクチョウの親が羽を膨らませて泳いでいると、その下から子どもが顔を覗かせることがある。1羽だけでなく何羽も、きょうだいみんなで親ボート（？）に乗っている。このような運び方は、カモやラッコでもみられる。自動車やベビーカーを使わない動物にとっては、この方法が最も安全で手っ取り早いのだろう。

なかには、背中で子どもを運ぶだけでなく、そこで子どもを育て上げる生き物までいる。アメリカ大陸に生息するピパピパとよばれるカエルは、メスの背中の皮膚にオスが受精卵を埋め込み、子どもたちは母親の背中で孵（かえ）った後オタマジャクシを経てカエルになるまでそこにいる。この生態から、ピパピパは別名を「コモリガエル」という。

冬眠ならぬ「夏眠」する生き物もいる！

冬眠は、食べ物が少なく活動しにくい環境を生き残るための生物の知恵だ。反対に、暑すぎる・乾燥が激しいなどの理由で**夏に休眠状態になる「夏眠」もある**。日本ではカタツムリやカエルなどが行っている。**カタツムリの夏眠は、落ち葉の下など比較的安全な場所に潜り込み、乾燥防止のために貝の口に膜を張って行う**。カエルの場合、冬眠・夏眠だけでなく春眠も行う。春先の寒い時期には、カエルやその子どもの天敵となる生き物はまだ冬眠中だ。その間に繁殖を行い、ヤゴやヘビが目覚めないうちに卵を産み付け、親にとって食事が豊富になる時期までもうひと眠りする。実によくできた仕組みである。

なお、「春眠暁を覚えず」、つまり春の眠りは心地よくてなかなか起きられないという言葉があるが、これは冬の寒さから解放されて眠りやすくなったり、新生活のストレスで睡眠時間が長くなったりするためだといわれる。

スズメはすぐ逃げるのに、ハトはあまり逃げないのはなぜ？

駅や公園を歩いていると、ハトやスズメに遭遇する。そこを通り抜けるとき、スズメはパッと飛び立つのに、ハトは人を避ける程度でその場に留まるのを見たことはないだろうか。

この現象には、鳥と人との長年の付き合いが影響している。**よく街中にいるドバトは、人間が通信やレースのために飼っていたカワラバトが野生化したもので、もともと人になれているため逃げない**。また、帰巣本能が強く、縄張りから離れるのを嫌がるので、追いかけてもギリギリまでその場にいようとする。一方で、スズメは穀物が大好きだ。当然人間が育てた米も食べるので、古来稲作の害鳥として扱われてきた（本当はイネにつく虫を食べるなどして稲作を手伝ってもいるのだが）。このように、**長らく人に追われ続けたせいで、スズメはいまでもさっさと逃げる**。生き物同士の関わりがその子孫の行動にまで影響するとは、興味深いものである。

ネコがニャーと鳴くのは人間への忖度？

古今東西、多くの人を魅了してやまないネコ。あのかわいらしい「ニャー」という声がたまらないという方もいるだろう。その鳴き声が、実は人間相手に特化したコミュニケーションのかたちだとしたら……ちょっとこわいが、そういった可能性があるのである。

そもそも、野生のネコはあまり「ニャー」といわない。せいぜい仔ネコが発する程度で、大人たちはケンカや発情期でもなければ基本的に寡黙である。しかし、**人間に飼われているネコは、この鳴き方が人を喜ばせることを知っている。そこで、成長してからも「ニャー」といい、自分の要求を通したり甘えたりするのである。**

このような対人に特化したコミュニケーションは、イルカなども行っている。イルカは色々な高さの音で人に話しかけるが、相手が反応した音域（つまり聞こえる音域）がわかると、以後その範囲内で声をかけてくるという。

モノマネ上手ほどモテる鳥がいる！

オーストラリアはコアラやカンガルーなど珍しい動物の宝庫だ。そんな同地の固有種に、「コトドリ」という鳥がいる。名前の由来は、オスの尾羽が竪琴のように優美に伸びていることだ。

さて、このコトドリは、非常にモノマネ上手な鳥である。他の生物のまねはお手の物で、ときには車のブレーキ音・カメラのシャッター音・チェーンソーの音まで、本物と紛うまでの精度で再現する。なぜこれほどまでに熱心なのかといえば、それはモテるからだ。**コトドリのオスは、気に入ったメスの周りで踊りながら様々なモノマネを披露するのだが、レパートリー豊かなオスほど求愛が成功しやすい**。まさに「芸は身を助ける」を地でいく鳥だ。

ややブラックな話をすれば、この鳥のオスはモノマネでメスを騙すことさえある。鳥たちが天敵をみつけたときに発する声をまねて自分の方にメスをおびき寄せたり、メスが怖がっている間に交尾を済ませてしまったりするのだ。

カラス用の看板がある！

2017年、岩手県にある東京大学・大気海洋研究所に「カラス侵入禁止」という張り紙が掲げられた。日本語で書いてカラスに通じるのか？という疑問がわくが、この試みは意外にも成功したという。

仕組みは、こうだ。「カラス侵入禁止」と書けば、それを読んだ人が「本当に効くのか？」とカラスの方を向く。**当のカラスは張り紙よりも人の視線に異変を感じ、その場に近寄らなくなる**、というわけだ。この試みがメディアに取り上げられると、以後同様の張り紙が街中でもみられるようになった。

カラスの習性や賢さを利用した取り組みは、他にもある。スウェーデンのCorvid Cleaning社は、煙草の吸殻をカラスに集めてもらう仕組みを開発した。野生のカラスが吸殻を拾って回収装置に入れると代わりにエサが出てくるというもので、同社は、この仕組みによって街の吸殻清掃のための費用が少なくとも75%節約できると見込んでいる。

お尻から墨を噴く魚がいる！

墨を吐く生き物というと、イカやタコが有名だ。イカは身の危険を感じたときに粘性のある墨で自分の身代わりを作って逃げ、タコはさらっとした墨で煙幕を張って難を逃れるという。

墨を出す生き物には、リュウグウノツカイの仲間にあたる「アカナマダ」という魚もいる。この魚は他とはひと味違う。なんと、お尻から墨を噴くのだ！　この墨の用途は、やはり敵に襲われたときに自衛するためだと考えられている。そして、墨の味はイカのものに似てまずまずだという。

ちなみに、「お尻から出す」といえば、食べると人間がお尻から脂を出すようになる「アブラボウズ」という魚もいる。この魚はくせのない白身でおいしく、生・焼・揚のどれもいける。しかしその身には浮力を調整するための脂が大量に含まれており、人間はそれを消化することができない。そのため、おいしいからといって食べすぎると、翌日お尻から脂を噴くことになる。

サルはなぜ真冬に温泉に浸かっても湯冷めしないのか？

冬になると、よく雪のなかで温泉に浸かっているニホンザルの映像が放送される。いかにも気持ちよさそうな様子がほほえましいが、ふと無粋な疑問が浮かんでしまう――彼らはこの後湯冷めしないのか……？

実は、サルはヒトより湯冷めしにくい。ヒトは汗をかくことで体温調節をするため、汗腺が多くて体毛が薄い。そのため、風呂上がりに体温が急速に逃げることで湯冷めする。これに対し、**サルは汗腺が少なく、油分の多い豊かな体毛で覆われているため、体温の放出を抑えやすい**。ゆえに真冬に温泉に入った後、裸で出歩いても問題ないのだ。

ちなみに、サルはもともと熱帯系の生き物だ。日本のように雪の降る場所に生息することは稀で、その珍しさからニホンザルは「スノーモンキー」とも称される。なお、なぜニホンザルが温泉に入るのかといえば、それはズバリ「気持ちがいいから」だそうだ。清潔を保つ意図は特段ないらしい。

獣医は、実は吹き矢の訓練をしている！

吹き矢は、古来世界各地で猟の道具として発達してきた。東南アジアや南米ではいまでも現役だが、日本にも吹き矢を必要とする職種がある。その職業とは、獣医である。**獣医は、暴れる動物に麻酔をかけなければならないのだが、銃を撃たずにコトを済ませるには、吹き矢が最適だ。**吹き矢は比較的風切り音が小さく、狭いところでも使えるので動物に警戒されにくい。しかもこの道具、昔は獣医それぞれが自作していた。いまは業者から買うこともできるが、いざというときのために吹き矢の訓練は怠れない。

なお、動物病院には、入院しているわけでもないのにイヌやネコが飼われていることがある。彼らは「供血犬」「供血猫」といって、輸血のための血を確保する役割だ。ちなみに、イヌやネコは汗をかかないといわれるが、実は肉球などからは汗をかく。とある獣医によると、動物病院の台の上では緊張して肉球がしっとりしてしまうコもいるとのことだ。

メスを振り回して求愛するカニがいる！

愛情表現は人それぞれで、絶対的に決まった正解があるわけではない。とはいえ人間の場合、相手をぶんぶん振り回すのは、子どもにせがまれて飛行機ごっこをしているときくらいだろう。ところが自然界には、これを求愛行動としてやってのける生き物がいる。日本でもおなじみの、ズワイガニがそれだ。**ズワイガニのオスは、気に入ったメスをみつけるとハサミで掴んで振り回す**。ときには3日以上も続くとあって、あまりのオラオラぶりに目が回りそうだが、晴れて交尾が済むとオスはまったく子育てをせずに去る。

相手を振り回すカニがいれば、自分の殻を振り回すカタツムリもいる。こちらはエゾマイマイという種類で、北海道などに生息している。**エゾマイマイは、敵が迫ってくるとダイナミックに殻を振り回す**。攻撃は最大の防御とはよくいったもので、殻に打ち付けられた捕食者たちは見事に吹っ飛ばされていく。

牙のないゾウが増えている？

アフリカゾウといえば、大きな耳と長い牙がトレードマークだ。ところが、アフリカのモザンビークでは、近年牙のないゾウが増えている。この変化は、人間がもたらしたものだといわれる。同地では1970〜1990年代にかけて内戦が行われ、兵士たちは長年にわたって戦費を捻出し続けなければならなかった。そこで目をつけられたのがゾウだ。**高く売れる象牙のために密猟され、立派な牙をもつ個体ほど生存が不利になった。そして生き残った個体が子孫を増やした結果、牙のないゾウが増えたのだといわれる。**

人間の活動が生物に影響を与えてしまった例としては、他にもフィンランドのモリフクロウが挙げられる。この鳥は本来多数が灰色だったが、近年茶色の個体が増えてきた。これは、温暖化の影響だ。雪が早く溶けるようになると、白い体よりも茶色の体の方が周囲に紛れやすい。このような変化が生じると知ると、毎日の生活の在り方に少し気をつけたくなる。

クジラとイルカの間には、まれに子どもが生まれる！

イルカとクジラの違いは、主に体の大きさだ。ハクジラのうち、体長約4メートル以下のものがイルカとよばれる。**両者は生物学的に近いので、稀に子どもが生まれることがある。**これまでに報告されたのは、バンドウイルカとオキゴンドウの子や、シワハイルカとカズハゴンドウ（これはクジラといいつつ大きさ的にはイルカ）の子で、いずれも両親の中間に近い見た目となる。また、これもごくまれだが、自然界でミナミハンドウイルカのおとなが血縁関係のない子どもの里親になって育てたという事例もある。

生き物の交配は、主に同じ属同士で起こる。たとえば、イヌとオオカミ（ともにイヌ科イヌ属）の間にはウルフドッグが生まれる。ときには近縁属で発生することもあり、ヤギ（ウシ科ヤギ属）とヒツジ（ウシ科ヒツジ属）の間には例は少ないながらもギープという混合種が誕生する。私たちヒトも、かつて同属別種のネアンデルタール人と交配したことが明らかになっている。

パンケーキガメというカメがいる！

世の中にはずいぶんおいしそうな名前の生き物がいたものだ。**アフリカに棲むリクガメの仲間「パンケーキガメ」は、その名のとおり薄くて柔らかい甲羅をしている。**

このカメは、敵が来ると体の形状を活かして岩の隙間に入り込む。そしてその場所で体を膨らませ、岩から取り出されないようにして身を守る。ちなみに、お菓子めいた名前のパンケーキガメの食べ物は、主に植物だ。動物園などでは、キャベツやリンゴをのんびりと食む様子が観察できる。

他にも、チョコチップのような模様の「チョコレートチップスター」というヒトデや、丸い体に細かな突起がある「コンペイトウ」という魚など、おやつのような名前の生き物がいる。なかでも、ナマコやウミウシの類は特に種類が豊富で、エクレアナマコ・イチゴミルクウミウシ・イチゴジャムウミウシなど、ネーミングから実物を想像するのが楽しい生き物が目白押しだ。

リスのしっぽは、取れる！

リスの体で印象的な部位といえば、やはりあのふさふさのしっぽだ。しっぽには様々な用途があり、枝から枝へ移るときのパラシュート、直射日光から身を守る日傘、眠るときの体に巻く布団など、なにかと便利な器官である。

ところがあのふさふさ、実は取れるのである。生活に役立つだけに温存できるに越したことはないが、**ピンチのときには骨の部分を残してずるっと外れる。そして、敵がしっぽに気をとられている間に逃げる。**なんだかトカゲのようだが、トカゲのしっぽは切れても生え変わるのに対し、リスのしっぽは一度取れると元に戻らない。まさに「最後の手段」である。

変わった自衛手段をもつ生き物は他にもいる。アメリカ大陸に生息するサバクツノトカゲは、敵に襲われると目から相手がイヤがる成分の入った血を飛ばして応戦する。理科の授業でおなじみのミジンコも、頭を尖らせて応戦しようとする……のだが、実現までに丸一日ほどかかるという。

有名人の名を持つ生き物がいる！

生き物には、学術的に通用する正式名として「学名」がつけられる。たとえば、マンボウの学名はモラ・モラで、ニワトリは同じくガッルス・ガッルス・ドメスティクスだ（強そう）。

この「学名」は、対象となる生き物を論文などで報告した人がつけることが多い。**命名には一定の規則があり、それに従うことにはなるものの、ある程度の裁量をもって名づけることができる。**その結果、スカプティア・ビヨンセアエ（歌手ビヨンセのように美しい金色のお尻をもつアブ）、ネオパルパ・ドナルドトランピ（政治家ドナルド・トランプのように前髪状にみえる特徴的な体毛のあるガ）といった具合で、有名人にあやかった名の生き物が生み出される。**名前の由来となるのは実在の人物に限らず、なかにはファンタジー作品をもとにしたものもある。**『ハリー・ポッター』シリーズにちなんだ「エリオビクシア・グリフィンドリ」などがその好例だ。

ハリーポッターの組み分け帽子に似ていることから
名づけられたクモ。

カンガルーはしっぽで立てる!

ぴょんぴょんと跳ぶ姿が印象的なカンガルーは、前進しかしないという意味を込めて、エミューとともにオーストラリアの国章に描かれている。

そんなカンガルーの体には太いしっぽがついており、その用途から俗に「第5の脚」ともよばれる。**脚というだけあって、実はカンガルーはしっぽで立てる。そうして空いた後ろ足でけんか相手を蹴るという離れ業さえできるのである。**ちなみに、カンガルーの後ろ足には肉球がついている。この肉球は足の裏の形に合わせて長くて分厚く、ジャンプの衝撃を吸収するのに一役買っている。

なお、大人はいかにも筋骨隆々のカンガルーだが、赤ちゃんのときには超未熟児である。生まれたところで人が気づくのは難しいため、誕生日はお母さんのおなかの袋から顔を出した日、全身が袋から出た日など、飼育施設によって一定しない決め方となる。

前に歩けるカニもいる！

カニといえば、大きなハサミと横向きに歩く姿でおなじみだ。しかし、カニのなかには、横方向でなく縦方向に歩けるものもいる。**多くのカニは、足の位置の都合で前より横に歩く方が長距離を一気に移動しやすい。そのため横歩きに進化したのだが、体が前後に長いカニの場合、横よりも縦に歩く方が効率的なので、前向きに歩く種類がいる。**たとえば、ビワの実のような形のビワガニや、赤い体色が特徴的なアサヒガニがそうだ。特にアサヒガニは、カニとエビの中間のような姿をしており、エビと同様縦に動く。

ところで、「カニとエビの中間のような」という話をしたが、カニはエビから進化した生き物だ。外敵に捕まりにくいよう腹や尾をしだいに折りたたんでいき、ついには俗に「ふんどし」とよばれる体の模様になった。ただ、先述のアサヒガニはコンパクトな体型ではなく、胸部やしっぽが小さく後方に出ている。そのため、カニのなかでも原始的な種類だといわれている。

イソギンチャクは、実はけっこう動ける!

イソギンチャクといえば、海の中で岩などにくっついてそよいでいる姿が目に浮かぶ。動物か植物かといえば植物のイメージに近いが、実は「刺胞動物」という、毒針をもつ生き物の仲間である。

イソギンチャクは、普段「足盤」という器官を使って自らを固定している。しかし、危険が迫ったときやもっと環境の良い場所に行きたいときには、その場から離れて動く。もそもそ移動するだけでなく、なかには触手を使って泳ぐ種もあるというから驚きだ。

なお、近年、日本近海でヤドカリの殻を増築するイソギンチャクがみつかった。ヤドカリにとっては引っ越し回数が少なくて済むし、イソギンチャクにとってはくっついて過ごす場所が確保できる。ヤドカリはよほど重宝しているのか、成長が早すぎて結局他の貝に移動しなければならなくなったときも、このイソギンチャクを連れていくことがわかっている。

ゾウの鼻には鼻毛がない！

ゾウは、鼻を使ってあらゆることをこなす。豆粒ほどの大きさのものをつまむことも、鼻に水を溜めて口に運ぶこともお手のものだ。

そんなゾウの鼻の中には、基本的に毛（いわゆる鼻毛）がない。穴の入り口付近に多少の毛はあるものの、これは体表の毛だ。生き物の鼻毛は、ゴミや病原体を防いで体内に入れないようにする働きがあるが、**鼻の長いゾウは鼻毛を生やすまでもなく不要なものの侵入を防げるそうだ**。

生き物の毛といえば、サイの角は骨ではなく毛が変化したものだ。そのため、基本的に伸び続けるし、折れてもまた生えてくる。ときにサイは、散髪よろしく角を周囲にこすりつけて整えることすらある。ちなみに、日本近海にはケガニがいればケブカガニもいる。ケブカガニは、あまりにもふもふすぎて「テディベア・クラブ」ともよばれる。しかもケブカガニの仲間には、ほぼ毛のないスベスベケブカガニというのもいる。いったいどっちなんだ！

金魚がいるなら銀魚もいる⁉

金魚は赤色が多いのに、なぜ金魚というのだろうか。これは、諸説あるものの、金魚は昔文字どおり金のように高価だったことや、いまより体が黄色っぽかったことによるものだといわれる。赤い個体が多いのは、ズバリ人気の色だからだ。金魚には本来黄・赤・黒・白・虹色（銀色に光って見える）の色素があり、その組み合わせ等で体の色が決まるが、人間にたまたま人気のある個体が特別に増やされ、種全体のイメージになっていった、というわけだ。

そして、**金魚がいれば銀魚もいる。中国から輸入された金魚の仲間で、青みがかった美しい銀色の魚だ。**金・銀とくれば、銅もほしい。欲を出して調べたものの、そんな魚はいなかった。その代わり、鉄魚なら実在する。長いひれが優雅なフナで、大正時代に日本で発見され、発見地付近の生息域は天然記念物にも指定されている。

白目って実は人間にしかない？

人間の眼球にあるいわゆる「白目」は強膜といい、目の形を保ち、構造的に強くする役割がある。色が白いのは、目に光を取り入れる光彩や瞳孔（いわゆる黒目）に比べると、色素で守る必要がないからだ。

ちなみに、**ヒトほど白目に存在感がある動物はほとんどいない。**たいていの生き物にとっては、白目と黒目の両方が外から見えると、視線の動きが外敵からわかって生存に不利となる。一方で、**高度な社会を構築したヒトの場合、白目を活用して視線の向きや目元の表情を伝え、コミュニケーションをとる方向に進化した。そのため、珍しく白目がよく見えるのだ。**

生き物の目といえば、ネコの目が闇夜でよく光るのは、少ない光を目の中で反射させ、最大限に利用するためだ。かと思えば、物理的に目の数が多い生物もいる。たとえばホタテガイの場合、貝ひもの部分にある黒い粒々はすべて目で、これらを使って光を感じとっているといわれる。

カタツムリ、「角出せ槍出せ……」の「槍」って何？

童謡『かたつむり』は、殻にこもるカタツムリに出てこいと呼びかける曲だ。歌詞には「角出せ槍出せ頭出せ」という文句があるが、角と頭はともかく「槍」とは何なのか。

「槍」の解釈には複数の捉え方がある。**よくいわれるふたつの考え方は、カタツムリの触角を大きさで「角」「槍」と呼び分けたという説と、カタツムリの恋矢（れんし）を槍に例えたという説だ。**カタツムリには2種類の触角があり、長い大触角の先には目がある。短い小触角はエサを探すのに使われる。一方、恋矢は、カタツムリの頭の下のあたりにある。交尾の際だけ出して相手に刺す（!）器官で、まさに槍のような形をしており、先端から粘液が出る。刺されると、相手は他のカタツムリと交尾しづらくなったり寿命が縮まったりするのだが、粘液のはたらきにより一時的な受精率は上がる。ある意味利己的でよくできた器官である。

背中が白くておなかが黒いネコは、基本的にいない！

道行くネコを思いだすと、背中が黒くておなかが白いものはよく見かけるが、逆の色合いのものは基本的にいない。その理由は、遺伝子的に背中側は色がつきやすく、おなか側は色がつきにくいからなのだが、この配色は自然界を生き残るうえで便利だ。

ネコが野外を歩く際、日光は主に背中側からあたる。すると、光に照らされる背中側が暗めの色、光が当たりにくいおなか側が明るめの色であれば、バランスが取れて他の生き物に見つかりにくくなる。

なお、このような体色の傾向は、ネコに限らず多くの脊椎動物でみられるという。一例を挙げれば、海中を飛ぶように移動するペンギンも、背中側が黒くおなか側が白い。この配色はやはり便利だ。ペンギンが泳ぐ際、上から見れば海に紛れるように黒っぽく、下から見れば日光に紛れるように白っぽい。ネコと同様、体の色が生き残りに有利にはたらくのである。

イヌ専用のテレビ番組がある！

近年はゲームにインターネット、動画配信と、様々な娯楽が充実してきた。ヒトに関してもかなりのものだが、なかにはイヌ専用の番組もある。**アメリカ発の『ＤＯＧＴＶ』は、イヌ用番組専門の放送局だ。２０１２年に放送が開始され、現地で大ヒットした。現在は他国にも進出しており、動画の一部はＹｏｕＴｕｂｅでも観ることができる。**

イヌ用番組は、イヌの視覚や嗜好に合わせたつくりになっている。その映像はヒトから見るとやや赤みがかっていたり、イヌの目に応じたちらつき防止の工夫がなされていたりする。また、内容も様々だ。たとえば、ゆったりした音楽を使ったリラックス番組、自然界の大きな音やヒトの生活によって起こる音などに慣れさせるための教育番組、イヌに合わせた目線の高さで野原を走り回る番組など、イヌの娯楽やストレス解消に役立ちそうなコンテンツが用意されている。

ウミヘビには魚類と爬虫類がいる！

ウミヘビには、「ヘビ」だけあって爬虫類のものと、実は魚類のものが存在する。**魚類のウミヘビはウナギやハモと同じウナギ目に属し、よく見るとヒレがあり、毒がない。一方で、爬虫類のウミヘビは、分類法にもよるが基本的にコブラ科の生き物で、水に強い種類のコブラから進化したと考えられている。**コブラの仲間だけあって、爬虫類のウミヘビの多くは強い毒をもつ。例えばエラブウミヘビの毒はハブの70～80倍の強さで、ひとたび咬まれると呼吸困難や麻痺が生じ、最悪の場合死に至る。そのため、海で出会ったときには注意が必要だ。

ちなみに、ウミヘビのなかには、「ウミ」といいつつ陸に上がるものもいる。たとえば、先述のエラブウミヘビは、昼間は陸上の岩の隙間などに隠れており、夜になると水中での行動に便利な平たい尾を使って海に入り、魚などを食べている。

動物の教養クイズ！

正解と思うものを選んでください。

QUIZ 1

一般に、日本の動物園で一番エサ代がかかる動物は？

A.コアラ　B.ジャイアントパンダ　C.ゾウ

QUIZ 2

次のうち、実在するネコの品種はどれ？

A.ネコムスメ　B.ノンタン　C.スフィンクス

QUIZ 3

クジラが潮を吹くのは主に何のため？

A.威嚇　B.呼吸　C.通信

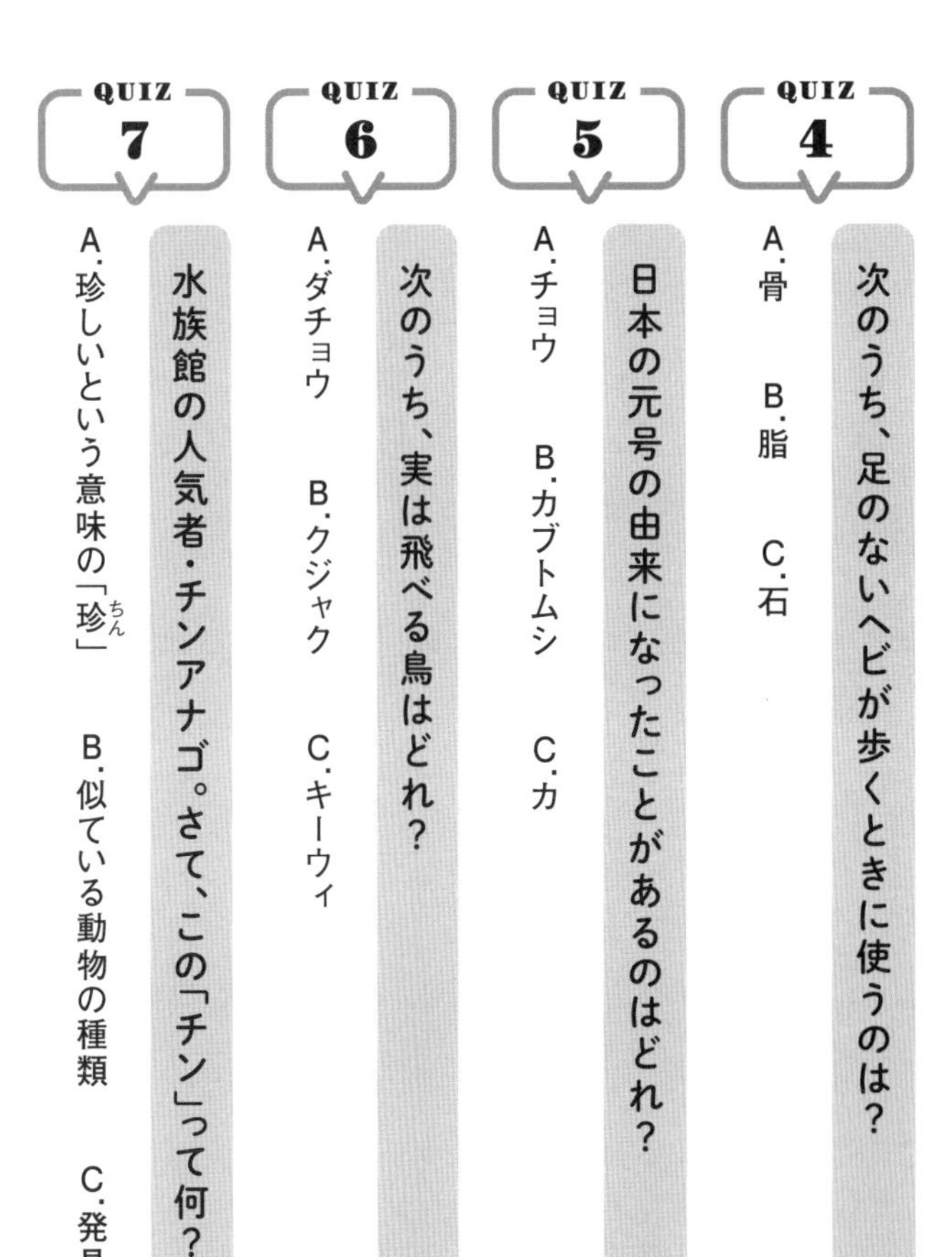

QUIZ 4

次のうち、足のないヘビが歩くときに使うのは？

A.骨　B.脂　C.石

QUIZ 5

日本の元号の由来になったことがあるのはどれ？

A.チョウ　B.カブトムシ　C.カ

QUIZ 6

次のうち、実は飛べる鳥はどれ？

A.ダチョウ　B.クジャク　C.キーウィ

QUIZ 7

水族館の人気者・チンアナゴ。さて、この「チン」って何？

A.珍しいという意味の「珍（ちん）」　B.似ている動物の種類　C.発見者の名前

答え

QUIZ 1 正解A

日本に自生しないユーカリが主食なので高い。1頭で年間750万円ほどかかり、そのために飼育を諦める園もあるという。

QUIZ 2 正解C

突然変異のネコからできたカナダ原産の品種。古代エジプトのネコをほうふつとさせることからこの名がある。

QUIZ 3 正解B

クジラが潮を吹く場所は実は鼻の穴。進化の過程でこの位置になった。そのため、呼吸をすると穴の近くの水が飛ぶ。

QUIZ 4 正解A

あばら骨を動かして進む。おなか側の鱗もうまく進むのに役立つ。

QUIZ 5 正解C

昔は蚊柱がめでたいものとされ、「景雲」とよばれていた。これに由来する「景雲」「神護景雲」という元号がある。

QUIZ 6 正解B

実際、北海道の旭山動物園では、飼育舎に屋根ができるまでクジャクたちが園内外を飛んで行き来していたという。

QUIZ 7 正解B

チンという犬種に顔が似ていることから。チンは日本原産のイヌで、かつて上流階級で人気だった。

CHAPTER

4

歴史の超雑学

ペリー艦隊に潜入した忍者がいた！

忍者はいつまでいたのか。歴史好きの間で時折話題になることだが、忍者だけに忍んでいたと思われるので、正確なところはわからない。ただし、記録に残る最後の隠密活動であれば追うことができる。その舞台はペリー艦隊、そう、日本史の教科書であまりにも有名な、あの出来事である。

マシュー・ペリーは、アメリカ大統領の手紙とともにやってきて、日本に開国を迫った。ときには日本側を艦内に招くこともあったのだが、その招待客のなかに、伊賀流忍者・沢村保祐（さわむらやすすけ）が混じっていた。これは、伊勢国・津藩の殿様・藤堂高猷（とうどうたかゆき）の命であったという。**潜入の末、保祐は書類・煙草・蝋燭・パンを持ち帰った**。書類には「イギリス女はベッドが上手、フランス女は料理が上手、オランダ女は家事が上手」などと、ある種しょうもないことが書かれていたのだが、本人は大真面目だっただろう。幕末の動乱の裏でこんなことが起こっていたとは、驚きである。

日本初のイルミネーションを行ったのは、織田信長！

イルミネーションの発祥にはいくつか説があるが、16世紀に宗教改革者のルターが星空に感動し、木の枝に蝋燭を取り付けて子どもたちに見せたのがはじまりだといわれることがある。ルターと結びつけるのは後世の創作とみる向きもあるが、いずれにしてもこの時期にドイツでクリスマスツリーに光を灯す習慣が生まれたのだそうだ。ちなみに、同じ16世紀には、日本でもイルミネーションのはしりのようなイベントが行われた。**1581年、織田信長が帰国する宣教師のために安土城下の明かりを消し、城の天守閣と琵琶湖に浮かべた船、騎馬武者に持たせた松明など、限られた部分だけを一気に光らせた**。それらが琵琶湖に映る様は、たとえようもなく美しかったという。

夜のイベントといえば、日本初のナイター試合を開いたのも織田信長であるといわれる。競技は相撲で、さきほどの安土城下のイルミネーションが行われる前年、1580年に開催されたという。

徳川家康はメガネ男子だった！

メガネは13世紀にイタリアで発明されたといわれ、その後数百年の間、富裕層しか使えない高級品だった。16世紀には日本にも持ち込まれ、大名や高僧など、身分の高い人への献上品として用いられた。17世紀には日本でもある程度広まっていたと考えられ、国内での製造も始まってはいたが、年間数万個のメガネが輸入されていたという。

メガネを愛用していた有名人としては、徳川家康が挙げられる。静岡県の久能山東照宮にはその現物が残っており、鼈甲（べっこう）製の手に持つタイプのものであったことがわかっている。

また、徳川家康は大変な健康オタクでもあった。自ら薬を調合したり、薬のもとになる植物を育てたりしていた。植物自体も好きだったらしく、江戸城にはわざわざ「お花畑」が設けられていた。そこでは、大名から献上された珍しい植物などが育てられ、忙しい天下人の心を癒していたようだ。

元号はくじ引きで決まることがある！

くじ引きは、古来平等性の強調や、神仏の意思を知る方法として用いられてきた。比較的有名な雑学に、室町幕府第6代将軍の足利義教(あしかがよしのり)はくじ引きで選ばれた（それゆえ「くじ引き将軍」とよばれた）というものがあるが、これもまた同様の例である。

もう少しディープなところでは、**元号の「明治」もくじ引きで選ばれている**。当時は王政復古が始まったばかりで、政治の中心が朝廷に戻ったのだから、物事の決め方も古式に則ろうという考え方があった。古代といえば、政治と宗教が切り離されず、占いで物事を決めていた。そこで、**元号もくじ引きで決めてみよう**、ということになった。

選定の日には、明治天皇自らくじを引いた。このとき選ばれた「明治」は、かつて何度も元号の候補になってきた言葉だ。江戸時代以前に10回落選し、11回目で晴れて新時代を象徴する元号となったのだった。

織田信長と明智光秀の墓は、なんと同じ場所にある！

織田信長を明智光秀が本能寺で討ったことは、日本史上の有名な事件である。信長は家来に裏切られ、光秀は主君を裏切ったわけだが、**この主従は現在同じ場所に墓を構えている。**

墓がある場所は、世界遺産の高野山だ。ここには、彼らに限らず伊達政宗・石田三成・豊臣一族・上杉謙信・武田信玄などの墓があり、皆でとあるイベントを待っている。そのイベントとは、弘法大師の復活だ。弘法大師は古来武将たちに厚く信仰され、56億7000万年後に弥勒菩薩が仏となる際、ともにやってくると遺言したといわれている。このとき訪れる場所のひとつが高野山であるとされ、武将たちは皆現世での確執はともかくとして、気長に待っているというわけだ。それにしても、長らく謀反人扱いされた明智光秀や石田三成はともかく、高野山の僧を大量に殺した織田信長までもが受け入れられるとは、常人とはかけ離れた懐の深さである。

日本の「首都」は一時期広島にあった！

日本の首都は、実は東京と決まっているわけではない。ざっくりいうと、かつて明治天皇が江戸の人々へのデモンストレーションも兼ねて東京に出かけ、そのまま滞在し続けていまに至る。

国の方針を決める国会議事堂も、実は東京でなく広島にあったことがある。**1894（明治27）年、日清戦争が始まると、軍事拠点である広島の港が重視され、帝国議会の建物も同地に仮設された。そこには明治天皇も移って来たため、広島はさながら臨時首都の様相であった。**

広島は、なにかと行政と結びつきやすい土地のようだ。いまを遡ること約600年前、かつて京の都で栄えた室町幕府は、将軍・足利義昭が織田信長に追放されたことで滅亡した。……と、一般には思われているのだが、実はその後11年ほど、亡命政権が広島に存続した。この組織は所在地の名をとって「鞆（とも）幕府」とよばれ、義昭が秀吉とともに官位を朝廷に返すまで続いた。

初めてカラー写真に写った日本人は野口英世！

現存する世界で初めて人が写った写真は、1838年にフランスの写真家ルイ・ジャック・マンデ・ダゲールによって撮られた。当時はまだ撮影に長い時間がかかったため、基本的に動くものは撮れなかったのだが、パリの風景写真のなかに長時間姿勢を変えない靴磨きの人が写りこんでおり、行きがかり上これが初となった。また、日本人が初めて写真に撮られたのは、江戸末期の1851年だ。栄力丸という船が紀伊半島沖で遭難し、それを助けたアメリカ船の上で彼らの写真が撮られた。このときの被写体は全員一般人であるが、そのうちのひとり・浜田彦蔵（ジョセフ・ヒコ）は、アメリカで暮らした後日本で国内初の民間新聞をつくり、造幣局の設立にも関わった。

カラー写真の場合、日本人初の被写体は野口英世である。これはアメリカでの研究時代に撮られたもので、カラーであることを意識してか、花の前に立ち、胸元にはまた違う色の花を挿すという華やかな絵面であった。

自分の藩を脱藩した殿様がいた！

幕末の志士たちが行ったことで知られる「脱藩」。当時の感覚では重罪だったが、所属していた藩に迷惑をかけず自由に動けるようになる手段でもあった。そして、歴史上には、**この「脱藩」を藩主自ら行った例がある。その殿様は林忠崇（はやしただたか）といい、上総国・請西（じょうざい）藩の藩主であった。**

忠崇は、文武両道の優秀な人物で、幕府中央の人物からも大いに将来を嘱望されていたという。大政奉還後、藩は明治政府に従うことになったが、彼は徳川への恩義を忘れていなかった。あるとき、旧幕府軍の人々が領内に逃れてきた。そこで忠崇は側近たちとともに自ら脱藩し、新政府軍と戦うことを決めた。藩に迷惑をかけまいとしての行動だったが、そんな理屈が新政府に通じるわけはない。最終的に反逆とみなされ、改易された最後の大名となった。「最後の大名」といえば、忠崇は昭和まで生きたという意味でも最後の大名だ。晩年は娘の経営するアパートでおだやかに暮らしていたという。

ミッキーマウスはもともとネズミではなくウサギだった！

ミッキーマウスは、世界一有名なネズミといっても過言ではない。このキャラクターは、作者ウォルト・ディズニーの家に棲みついていたネズミから着想されたといわれるが、実はそれよりさらに前、同じくウォルトらの手によって、ミッキーによく似たウサギが生み出されていた。

このキャラクターは、**「しあわせウサギのオズワルド」**（オズワルド・ザ・ラッキー・ラビット）という。ミッキーの耳が長くなったようないでたちで、1927年から1928年にかけて多数の短編作品に登場した。ところが、**ウォルト側が映画の配給元であるユニバーサル・ピクチャーズともめてしまい、諸権利がユニバーサル側に移った。そのため新しいキャラクターを売り出さなければならなくなり、結果としてミッキーマウスが誕生した。**

なお、ディズニーは2006年にオズワルドの権利を取り戻すことに成功し、現在はオズワルドもディズニーキャラクターとして扱われている。

門松の竹の切り口が斜めなのは、打倒武田氏の意気込み！

門松は、年の初めに訪れる神様の依り代として設置される。現代の門松は竹の存在感が強いが、本来重要なのは松で、平安時代にはすでに長寿の祈願のために常緑樹である松を飾るという風習があった。

ところで、門松の竹はなぜしばしば斜めに切られるのだろうか。これは、**徳川家康が武田信玄に負けた次の正月、武田側から「松枯れて竹たぐいなきあしたかかな」**（松（当時の家康の名字が松平）が枯れて竹（武田）が繁栄する）**という手紙が届いたことに端を発するといわれる。**書状を受け取った家康はいたく悔しがり、刀を抜いて門松の竹に八つ当たりをしたところ、竹が斜めに切れた。そこから思いつき、「松枯れで武田首なきあしたかな」（松平は枯れずに武田には首がない）と読み替えた返歌を送った。後に、この家康式の門松が部下たちによって全国に広まり、竹の切り口が斜めのタイプの門松が普及したようだ。

ルイ14世が太陽王とよばれたのは、太陽神の姿で踊っていたから！

ルイ14世といえば、「朕は国家なり」の名言で知られる、フランス絶対王政最盛期の君主だ。一般に、彼は自国の領土を拡げ商業を推し進めた力強い王という印象だが、実は繊細な芸術活動も行っていた。

ルイ14世お気に入りの娯楽はバレエだった。**その傾倒ぶりは自らギリシャ神話の神・アポロンに扮して舞台に出るほどで、アポロンが太陽神であることにちなんで「太陽王」というニックネームがついた**。つまり、世界史の教科書には、いち趣味に由来する王のあだ名が堂々と載っているわけである。

ヨーロッパの王族には、とかく変わったニックネームが多い。金欠王・禿頭王・裸足王など、「よく抹消されなかったな」というあだ名が多数残っている。王族にあだ名がつきやすかったのは、ヨーロッパでは宗教の影響などもあり、名前や名字のバリエーションが少なかったためだ。本名に加えてその人の特徴を捉えたあだ名をつけ、個人を識別したのである。

アポロンを演じるルイ14世（とゴリラ……）。
バレエ用語にフランス語が多いのは彼の影響といわれる。

日本に箸文化を広めたのは聖徳太子！

和食に欠かせない箸は、もともと中国からもたらされた。弥生時代ごろ、神に供える食事を盛るために使われはじめたというが、当時はこんにちのような形ではなく、ピンセットのように竹を折ったものだったとされる。

これが本格的に広まったのは、聖徳太子の時代だ。中国では、神に限らず人の食事にも箸が用いられており、仏教などとともに最先端の文明を取り入れようと箸が導入された。

ちなみに、箸文化が定着する前、日本人はさじ（スプーン）などを使って食事をしていたのだが、平安時代ごろに中国との交渉が断たれ、箸での食事が定着すると、さじは貴族の食卓の飾りとして使われるようになった。

なお、プロ野球などで使われる木製バットの一部は、折れると「かっとばし!!」という箸に生まれ変わる。各球団のロゴなども入っており、バット特有の適度なしなりが、今度は食器として活躍する。

ナポレオンは、かなり変わった占いにハマっていた！

権力者や経営者は意外と占いを参考にするもので、かの武田信玄は手相占いに強い軍師を重用していたという。東京が現在の位置になったのも、徳川家康やそのブレーンが陰陽道の考え方を取り入れて街づくりをしたからだ。

貧乏貴族からフランス皇帝にまでのし上がったナポレオンにも、やはりお気に入りの占いがあった。それはなんと〝**クレープ占い**〟だった。この占いは、キリスト教の祝日にあたる2月2日にクレープを食べる風習があったことに由来し、**片手にコイン、片手にフライパンを持ち、うまくクレープをひっくり返すことができればこの一年間幸運に恵まれる**、というものだ。ナポレオンは毎年恒例でこの占いを行っていたのだが、1812年に挑戦したときには、最後の5枚目で失敗した。実際、この年はロシア遠征がうまくいかず、食糧難や寒さで散々な目にあった。このとき彼は、退却しながら「余の5枚目のクレープだ」と呟いたといわれる。

かつて、北海道ならぬ南海道があった！

北海道といえば、日本の面積の約22パーセントを占める北の大地だ。この地名は江戸時代末期の探検家・松浦武四郎によってつけられたもので、「北」は方角、「海」はアイヌの古い言葉「カイ」（この地に生まれた人、の意）、「道」は律令制以来の行政区分に由来するといわれる。

この「道」というくくりが使われていた時代には、**北海道ならぬ「南海道」とよばれる場所があった。これは、現在の紀伊半島の一部と淡路島、四国にまたがる場所のことで、現代では南海トラフ地震といった言葉に名残がある。**

ところでこの「南海道」は、東海道・山陽道などと並ぶ五畿七道のひとつだ。しかも、「東海道」があれば、「西海道」もある。西海道は、現在の九州あたりをさす地名だ。かつては都の位置を中心に東西南北が判断されていたため、行政区分やそれが表す範囲も京都から見た方角をもとに定められていたのである。

静岡は、失業した武士のおかげでお茶の名産地になった！

静岡は、日本茶の産地として特に有名な場所だ。よく手入れされた茶畑が続く様は美しく、訪れる人々の目を楽しませている。

静岡がお茶の名産地になったきっかけは、武士の失業だった。幕末の大政奉還は新しい時代をもたらしたが、江戸幕府がなくなるということは、武士が失業するということだ。静岡には江戸城をあけた徳川宗家と、その家臣たちが移ってきた。**農地を開拓し、初代将軍・家康の好物かつ明治維新以後海外への輸出品として注目されていたお茶を作るようになり、これが現代まで続く一大産業に成長した。**

このように、武士のおかげで産業化した例には、江戸時代の植物の品種改良などがある。園芸は身分の高い人も楽しむ高尚な趣味だったため、家を継げない武士が携わることもある程度許容された。この時代には菊や菖蒲など様々な植物が流行したが、その陰にはこうした武士たちの努力があった。

ヒトラーの好物は、納豆！

ヒトラーといえば、ナチス・ドイツを率いた人物である。かつては画家を目指した青年で、権力を持った後は征服した土地から様々な美術品を収集したことでも知られる。

そんなヒトラーの好物は、意外にも納豆であった。彼はあるとき、**日本兵が小柄ながらよく働くことに驚き、支給されていた納豆に注目。実際に自分で納豆を作って食べてみたところ、すっかり気に入ってドイツ軍にも支給した**。が、結果は散々で、慣れない味とにおいのせいで食べられずに廃棄されたという。

ちなみに、アメリカと戦っていたことで知られるヒトラーだが、彼の描いた絵のなかには、アメリカ企業・ディズニーのキャラクターのものもある。現存するのは4枚で、ピノキオと『白雪姫』の小人3人が、本物そっくりに描かれている。

バケツ1個で起きた戦争がある！

争いには、当事者は真剣でも傍からみれば「こんなことで？」と思えるものがよくある。1325年にイタリアの都市国家間で起こった戦争も、まさにその類だった。戦ったのは、ボローニャ（パスタのボロネーゼで有名）とモデナ（特産品のバルサミコ酢で知られる）だ。ある日、**モデナの兵士がボローニャのバケツを盗み、これがきっかけで約2000人が亡くなる戦いが起きた**。この事件は、俗に「**バケツ戦争**」とよばれる。両国は、もともと教皇と皇帝どちらを支持するかで折り合いが悪かったというが、ひとつの窃盗事件が国家間の戦争にまで発展するのだから、世の中何が起こるかわからない。

なお、世界では、他にも様々な戦争が発生してきた。エルサルバドル・ホンジュラス間でワールドカップをきっかけに火を噴いた「サッカー戦争」、アイスランド・イギリス間でタラの漁場となる海域を争った「タラ戦争」など、日頃の不満や自国の権利の保護が争いに繋がってしまった例がある。

江戸時代には、〇〇レンタルが盛んだった！

レンタルショップは、礼服など普段は使わないものや、買わずとも一度は読んでおきたい本などを借りるのに便利だ。このようなサービスはいまに始まったことではなく、古く江戸時代には損料屋といって、鍋釜から布団まで様々なものを借りられる店が存在した。

当時人気だったレンタル品のひとつには、ふんどしがある。江戸の庶民は下着なしで着物を着ることも多かったようだが、祭りで服をからげるときや遊郭に遊びに行くときには見栄えのよい下着が必要となる。布が貴重な時代、きちんとしたふんどしは意外と高かった（現代の価値にして1本6000円程度）。そのため、自前で用意するよりも必要なときだけ借りようという発想になるわけだ。また、損料屋でレンタルした場合、洗わずにそのまま返せば先方が洗濯してくれる。そのような便利さ・手軽さから、ふんどしレンタルは多くの人に利用されていた。

エジプトの死者の書には、ゴキブリ退散の呪文が載っている！

古代エジプトの死者の書には、死者の復活を願う文言や、死後の世界で起こりうる危険を避けるための呪文が多数載っている。たとえば、死後復活する際に困らないよう心臓の持ち去りを防ぐ呪文、死者が食べ物や衣服を得られるようにする呪文などが伝わっている。

これらのなかには、死者に虫（アプシャイ）を寄せ付けないための呪文もある。アプシャイは現代のゴキブリなどにあたると考えられ、「我を離れ去れ、我を離れ去れ、噫汝咬み耗らす唇を持てる者よ」といった内容の文字とともに、明らかにそれとわかる絵姿が載っている。このようにしてゴキブリを避けるのは、ミイラを食害したり卵を産み付けたりする虫だったためと思われる。

なお、ゴキブリは世界的にずっと嫌われてきたのかといえば、そうでもない。アジアやアフリカの一部では、食べ物がある豊かな場所だからこそ現れる虫ということで、肯定的に捉える場合もある。

ステンドグラスは昔、栄華を示すために使われていた！

ステンドグラスは、ガラスに金属の成分を入れることで多様な色を引き出している。現在は様々な色素があるが、かつては金を加えることで鮮やかな赤を演出していたことなどもあり、大変お金のかかる技術であった。

教会のステンドグラスは、主にキリスト教の教えを伝えるために用いられた。ヨーロッパでは、昔識字率が低かったので、文字でなく絵で情報を伝達することが重要だったのだ。なお、ステンドグラスの職人にはかつて囚人が多かったといわれる。これは、キリスト教の教えを作品として具現化することで、更正に結び付けさせようという考えがあったためだ。

ちなみに、色鮮やかなステンドグラスは、ときに栄華を示すためにも使われた。たとえば、**特定の組合や権力者が出資している場合、彼らの象徴や職業を表す絵などが図柄に組み入れられ、誰の功績であるかを人々に知らせることがあった。**

江戸時代、島流しになったカラスがいた！

裁判や刑罰は、時折ヒト以外の生き物も対象となることがある。古い時代には、人間にとって害虫とみなされた毛虫や南京虫が有罪となったことがあるし、アメリカでは2020年に警察によって飼い主が殺害されたカバが原告となり（代理人はヒト）、自らの殺処分を取りやめる裁判を起こした。

動物が絡む裁判や刑罰は、日本でも起こったことがある。江戸時代、生類憐みの令で有名な将軍・徳川綱吉が江戸城内を歩いていたところ、その頭にカラスがフンを落とした。大変な不敬だが、将軍自身が生類憐みの令を出しているとあっては、命で償わせることはできない。そこで、**問題のカラスを捕まえ、八丈島に流した……のだが、帰巣本能が働いたのか、カラスはたちまち江戸の方向に飛び去って行った。**ちなみに、生類憐みの令が出ていた時代には魚介の売り買いも制限されたため、もし綱吉の治世が長く続いていたら、こんにちの日本食の在り方すら大きく変わっていたかもしれない。

マリー・アントワネットは、日本の〇〇の随一のコレクターだった!

漆器は英語でJapanという。こうよばれるだけあって、かつて多数の漆器がヨーロッパに向けて輸出されていった。漆器のコレクターとして特に有名なのは、オーストリア君主マリア・テレジアとフランス王妃マリー・アントワネットの親子である。マリア・テレジアは「ダイヤモンドよりも漆器が好き」と言うほど熱を上げ、シェーンブルン宮殿に「漆の間」という部屋をつくった。**娘のマリー・アントワネットは、母が亡くなった際に多数の漆器コレクションを譲り受け、それがきっかけで自らも収集するようになった。そのコレクションは当時質・量ともに随一といわれ、現存するものはベルサイユ宮殿やルーブル美術館で見ることができる。**

マリー・アントワネットの芸術活動としては、他にも作曲家としての一面がある。彼女の曲は革命期を越えて現在まで伝わっており、時折日本でも演奏されている。

江戸時代、リニアモーターカーより速い通信手段があった！

日本の新幹線の最高速度は、東北・秋田新幹線による時速320キロメートル、リニアモーターカーはさらに速い時速500キロメートルをマークする。そして、江戸時代の日本には、新幹線よりもリニアモーターカーよりも高速の通信手段があった。**それは望遠鏡と旗**（夜間は提灯や松明）**を使った方法で、チェックポイントに人を立たせ、その人が旗で合図するのを望遠鏡**（または双眼鏡）**越しに観察。自分も次の人に旗で内容を伝える、というものだ。この方法を使った場合、通信速度は時速720キロメートルにものぼる。**どれくらい速いかといえば、大阪・京都間を約4分、大阪・広島間を27分で繋げるほどのスピードだ。なお、大阪と他都市の組み合わせであることからお気づきの方もいるかもしれないが、この通信手段は大阪の米の先物取引の値段を各地に伝えるため、および地方の米価を大阪に伝えるために編み出された。電話が一般化するまで、長らく活用された方法である。

清水の舞台から飛び降りても、意外と生き残れる！

思い切って決断することを意味する「清水の舞台から飛び降りる」。この「舞台」とは、京都の清水寺の本堂の一部で、本尊に芸能を奉納する舞台のことをさしている。地面から、高さにして約13メートル。足がすくむような場所だが、かつてはここから飛び降りれば、命が助かり願いが叶うといわれていた。そのため、本当に飛び降りる人が後を絶たず、**記録に残っているだけでも江戸時代には234人がダイブした。うち、死者は34名。となると生存率は85％なので、意外と生き残れている。**

ところで、清水の舞台から飛び降りてまで叶えたかった願いとは、いったい何だったのだろう。同寺の関連寺院である成就院（清水寺の境内で起こった事件を役所に届け出る役割を担っていたところ）の記録によると、その動機は、「親の病を治したい」というけなげな考えから、「暇がほしい」という飛び降り以外の手段をお勧めしたくなるものまで、様々であった。

昔、富士山を真っ赤に塗る計画があった！

日本最高峰の富士山は、その美しい姿でも知られる。そんな富士山には、かつて山肌を赤く塗ってしまおうという計画があったのだが、どのような経緯か想像がつくだろうか？

この計画は、日本人でなくアメリカ人によって立てられた。第二次世界大戦中、軍部が日本への勝利を真剣に検討した結果、**日本人が精神的に大切にしている富士山をペンキで赤く塗り、戦意を喪失させてしまおう**ということになった。計画は実際に採用されたのだが（！）、富士山は想像以上に大きく、想定よりも大量の塗料が必要であることがわかった。その結果、実行されず頓挫したという。

富士山の周辺にあたる山梨や静岡では、こんにち日本のミネラルウォーターの約半分が生産されている。もしもペンキ計画が実行に移されていたら、このような自然の恵みを受け取ることも難しかっただろう。

大阪城を造るときには、昆布のぬめりが大活躍した！

古い遺跡の研究では、素材の石の運び方がしばしば論争となる。そんななか、日本の大阪城の建築方法は、ひときわ異彩を放っている。

大阪城の石垣は、昆布のぬめりを活かして運んだ石で造られた。**石材運搬用の丸太の下に水で戻した昆布を敷くと、ぬめりが潤滑剤となって少人数でも大きな石を動かせる。**このとき大量に持ち込まれた昆布は、築城だけでなく人々の食卓にも影響し、大阪の昆布出汁文化につながっていったという。

ちなみに、大阪城の石材は諸国の大名から献上されたものなのだが、うっかり川に落としたり運びきれなかったりして打ち捨てられたものが多数ある。こうした石は「残念石」とよばれ、大阪城公園にも残念石の説明のために残念石で造られた碑が存在する。少し離れた場所の道頓堀開削の功労者を称える石碑も、やはり残念石製だ。このように、かつて道半ばで力尽きた残念石たちは、大阪城の石垣にはなれなくともなんのかんので役に立っている。

江戸時代の大名の7割は、先祖が愛知出身！

戦国の三英傑といえば、織田信長・豊臣秀吉・徳川家康である。**三者は全員現在の愛知県**（尾張国・三河国）**出身で、彼らが勢力を伸ばし、覇権を握ると、その親戚や部下の地位も自然と高くなっていった。その結果、江戸時代には大名の7割は先祖が愛知出身という状態になった。**当時の日本の政治は、意外とローカルな繋がりによって維持されていたのである。

似たような例は他にもある。たとえば、明治期に現在の警察のもととなる組織が作られたとき、その構成メンバーはほとんど鹿児島出身だった。そのため、治安維持を担う人々によって、鹿児島方言で「ねえ」という程度の意味の「こら」がよく使われることになった。彼らに「こら」と呼び止められた側からすると、どうしても怒っている・偉そうというイメージができあがってしまう。これにより、「こら」という鹿児島方言は、現在では人を咎めたり叱ったりする言葉として一般化している。

300年以上借りパクされていた本が戻って来た!

人から借りたものを返さずにいると、横領罪に問われることがある。しかし世の中には、そんな法律もびっくりの気の遠くなる借りパク事例があった。

2021年、イギリスのシェフィールド大聖堂に『The Faith and Practice of a Church of England Man（英国国教会の人間の信仰と実践）』という本が届いた。**この本は1704年に出版され、300年以上貸したままになっていた。収蔵していた図書館自体とうの昔になくなっていたのだが、このたび縁のある大聖堂の方に戻ってきたのだそうだ。**

ちなみに、世界には200年以上放置された借金もある。1800年、ナポレオンがアルプスを越えてイタリアに遠征した際、峠の村に滞在し物資の調達もさせてもらったため、4万フランの借用書を置いていった。しかしのちに支払われたのは一部だけだったので、1980年代にフランス大統領が村に感謝状とメダルを贈り、（結局お金は返していないものの）やっと決着した。

日本で初めて銅像になったのは、ヤマトタケルノミコト！

銅像は世界のあちこちにあり、モチーフとなった人物の業績をたたえるためなどの理由で設置される。日本では、志半ばで倒れた幕末の志士・坂本龍馬や、全国を旅してまわった俳人・松尾芭蕉のものがとりわけ多い。

ところで、日本初の銅像はいったい誰のものだったのだろう。**仏像などを除き、こんにち想像するような西洋式の作品と捉えれば、石川県の兼六園に設置された日本武尊（やまとたけるのみこと）像が最初である。**

兼六園の日本武尊像は明治13年に造られた。制作の目的は、西南戦争に出兵して亡くなった、石川県出身者約400名の慰霊のためである。なぜ日本武尊が選ばれたかというと、日本が誇る伝説上の英雄であり、西南戦争の舞台となった九州の征伐に行ったというエピソードがあるからだ。

なお、この日本武尊像は鳥が寄り付かないことで知られる。これは、銅像の成分の15％が猛毒のヒ素であるためと推察されている。

歴史の教養クイズ！

正解と思うものを選んでください。

QUIZ 1

にらめっこはもともと何のために生まれたといわれる？

A.合格祈願　B.戦闘訓練　C.害虫対策

QUIZ 2

次のうち、かつてフランス貴族がおしゃれのためによく使ったのは？

A.たらこ　B.タケノコ　C.小麦粉

QUIZ 3

次のうち、日本の歴史上実際に設けられたことがあるものは？

A.冠位十二階ならぬ冠位十三階

B.徳川御三家ならぬ徳川三十家

C.十七条憲法ならぬ七十条憲法

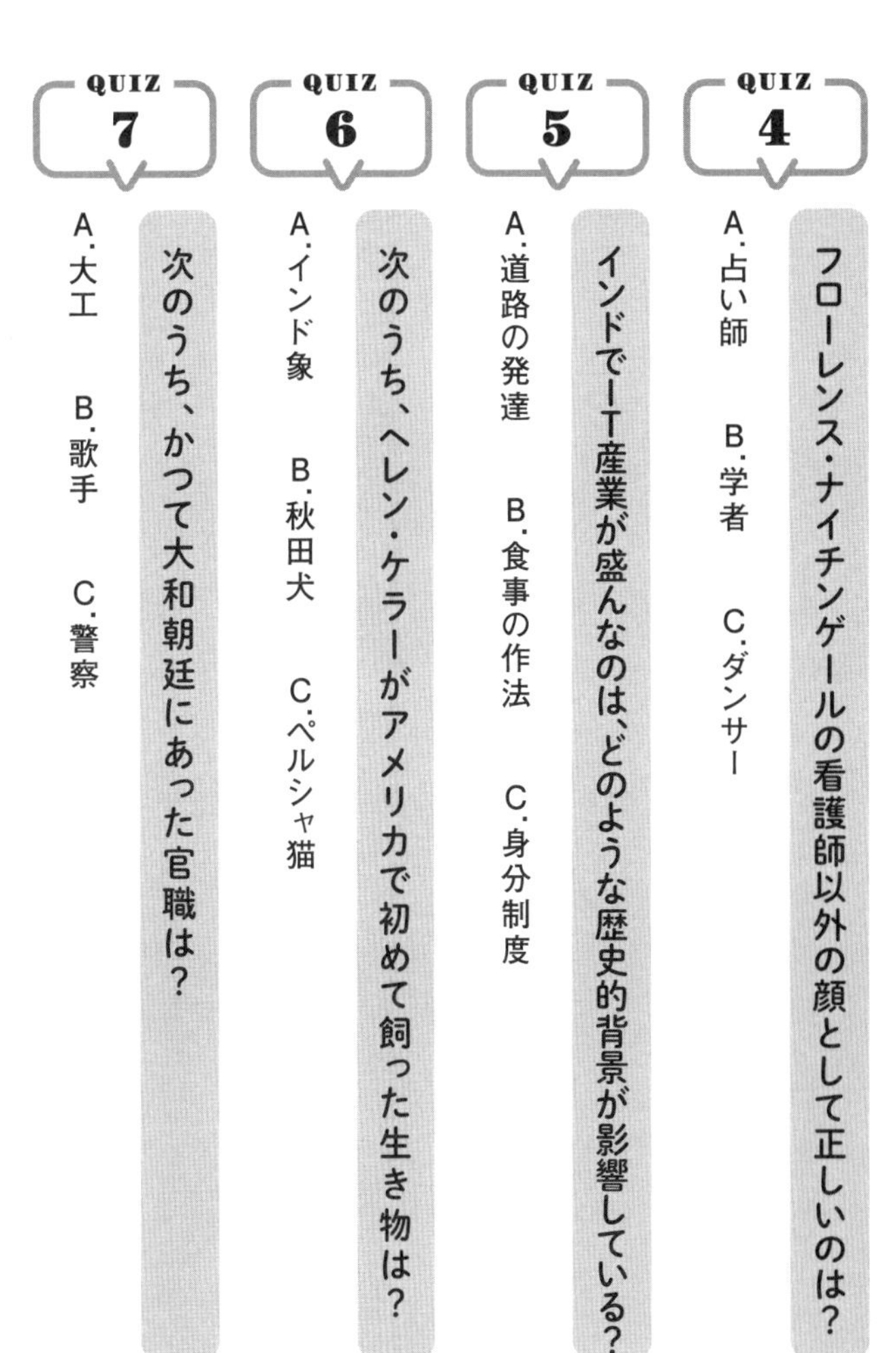

QUIZ 4

フローレンス・ナイチンゲールの看護師以外の顔として正しいのは？

A.占い師　B.学者　C.ダンサー

QUIZ 5

インドでIT産業が盛んなのは、どのような歴史的背景が影響している？

A.道路の発達　B.食事の作法　C.身分制度

QUIZ 6

次のうち、ヘレン・ケラーがアメリカで初めて飼った生き物は？

A.インド象　B.秋田犬　C.ペルシャ猫

QUIZ 7

次のうち、かつて大和朝廷にあった官職は？

A.大工　B.歌手　C.警察

答え

QUIZ 1 正解B

武士が戦いのために相手を正面からにらみつける訓練をしていたことに由来するといわれる。それがしだい遊びになった。

QUIZ 2 正解C

王の薄毛をきっかけにかつらが流行り、当時は明るい髪色がもてはやされたため、小麦粉などで作った髪粉が多用された。

QUIZ 3 正解A

大化の改新の後、冠位十二階の対象外だった大豪族を制度内に組み込んで支配するため、もう一段階冠位を増やした。

QUIZ 4 正解B

統計学者。統計を衛生の向上などに役立て、「統計学の母」ともよばれる。イギリス王立統計学会初の女性会員でもある。

QUIZ 5 正解C

いわゆるカースト制度に定められていない新しい職業なので、努力と才能で道を切り開ける進路としてITが注目された。

QUIZ 6 正解B

ハチ公の逸話に感銘を受けたヘレンは、初来日時に「神風号」という秋田犬を譲り受け、本国に連れ帰った。

QUIZ 7 正解A

建築・土木・造船などに関わった役。ちなみに大工の下には少工もいた。

CHAPTER

5

文化の超雑学

幸運の女神は、実は男！

「幸運の女神には前髪しかない」とは、よくいったものだ。チャンスは巡ってきたときに掴まないと、すぐに逃げていってしまう。

ところでこの「女神」とは誰なのか。調べていくと、**そもそも女神ではなく、「カイロス」というギリシャ神話の男神であることに行き当たる。**カイロスは、ギリシャ語でズバリ「チャンス」という意味の名だ。最高神ゼウスの子ともいわれ、**前髪が長い美少年で、後頭部は禿げている。**この容姿かつ足についた翼で素早く移動するため、出会ってすぐ前髪を掴めば捕まえられるが（物騒だな）、後から追いかけても捕らえられない。

そんな彼は、時代を経てローマ神話の運命の女神フォルトゥナと結びついた。また、「好機」はヨーロッパの多くの言語で女性名詞であり、女性の印象が強化されていった。この結果、「幸運の女神には〜」という言葉が生まれ、ついには後頭部が禿げたフォルトゥナ像まで生み出されるに至ったという。

ギリシャ語では主観的な時間の流れを「カイロス」という。

『君が代』は、国歌がない日本のためにイギリス人が急場で作曲した歌！

日本の『君が代』は、世界で一番歌詞が古い国歌といわれる。これは、もとになった和歌が『古今和歌集』由来であるためだが、曲がつけられたのは明治に入ってからである。明治時代、ヴィクトリア女王の次男エディンバラ公アルフレッドが来日することになり、イギリス国歌と一緒に演奏する日本の国歌が必要になった。ただ、**当時の日本には国歌の概念がなかったので、日本側で歌詞になる和歌を選び、吹奏楽を教えていた軍楽隊員ジョン・フェントンが曲をつけることになった**。この『君が代』は実際に明治天皇の前で演奏されるなどし、明治9年まで使われたが、曲の雰囲気と日本語のまとまりがよくないという理由で、後に日本人によって作曲しなおされた。この新曲をさらに編曲したのが、いまの『君が代』である。

急場しのぎの1曲が時を経て改変され、ついには法律に定める「国歌」にまでなるとは、興味深いことである。

皇居の中には、専用のガソリンスタンドがある！

東京都千代田区は、かつての江戸城の敷地をほぼ丸ごとひとつの区にした地域だ。そのうち約12％が現在の皇居で、実に東京ドーム25個分もの面積を誇る。**そんな皇居には、なんと専用のガソリンスタンドがある。あまりに広いので敷地内は車での移動が多く、それらの車両のために給油できる場所があるのだ。**また、敷地内には皇宮警察の派出所もちょくちょくある。皇宮警察は、皇族やその住居を警護する組織だ。いざというときの教養も求められるため、皇宮警察に採用されると、体術や規律だけでなく華道・茶道・書道・和歌なども学ぶことができる。

皇居には、都会のオアシスという側面もある。緑豊かな敷地では約5900種にのぼる動植物が確認されており、タカやフクロウ、タヌキまでもが生息している。また、きのこのボタンタケの一種は、都内の一施設と皇居でしか確認されていないため、固有種なのではないかという説まである。

「いただきます」は昭和になってから広まった挨拶！

食事の前に「いただきます」と言うのは、現代日本では一種の礼儀のように扱われている。しかし、この習慣はさほど古いものではなく、昭和になってやっと登場したものである。それまで食事をとるときはどうしていたのかといえば、特別なあいさつなどはなく、そのまま食べはじめたのだそうだ。

「いただきます」が定着した理由は、**昭和のころに「いただく」という言い回しが流行ったことと、軍国主義の影響で形式を整えた教育が行われたためだ。**

似たような事例は他にもある。現代の日本のお墓には、よく「先祖代々之墓」などと書かれているが、これもさほど古い風習ではなく、家制度によって国民を管理しようとした明治以降の習慣である。それ以前はどうしていたかといえば、基本的に墓石ひとつがひとり用だった。複数人でひとつ使う場合も、せいぜい夫婦でひとつにする程度であった。

日本には昔、ウサギ税という税金があった！

税金は、福祉や教育など、公的なサービスを運営する費用を賄うためのものだ。現在の日本では、消費税や所得税など様々な税が設定されているが、明治時代には「ウサギ税」なるものも存在した。

当時の日本では、珍しいウサギを飼うことが流行していた。外国から輸入されたものが高値で取引され、ザンギリ頭や牛肉屋と並んで「ウサギ会」が流行した。ブームはあまりに過熱し、**ウサギで一攫千金を狙う者や詐欺を働くものが現れて社会問題化。政府はウサギ1羽につき毎月1円**（現在の価値で**1万円ほど**）**の税金をかけ、事態の収拾を図った。**これにより、ブームは沈静化したものの、多くのウサギが捨てられたり食べられたりしたという。

他には、ロシアのひげ税も珍しい。これは国の近代化のために当時のひげ文化を規制するもので、税を払うと証明用のコインがもらえたが、裏には「ひげは余計な重荷」と余計なお世話の文言が刻まれているものもあった。

シルエットは、シルエットさんが発明した！

シルエットといえば、輪郭の中を塗りつぶした絵のことだ。この名称は、実は「シルエット」という名のフランス人に由来する。

シルエットのもとになったエティエンヌ・ド・シルエットは、ルイ15世の時代に財務大臣を務めた貴族である。当時のフランスは戦争による財政難で、国を挙げて倹約に励まなければならなかった。その頃の贅沢品には肖像画があった。手間もお金もかかるので、できることなら節約したい。そこで彼が好んだのが、**1色の影絵だけで表現したシンプルな肖像だった。こうして、しだいにこの類の絵自体がシルエットの名でよばれるようになっていった。**

なお、人名と絵に関する雑学としては、料理の「カルパッチョ」がある。この料理がイタリアで誕生したとき、地元出身の画家カルパッチョの回顧展が開かれており、料理の赤や白の色彩もこの人物の作風に似ていたことから名づけられたという説がある。

ピースサインは、ギリシャでは「くたばれ」という意味！

写真撮影のときにおなじみのピースサイン。このポーズは、諸説あるものの、イングランドとフランスの間で起こった百年戦争の際、イギリス軍がフランス軍を挑発するときに使ったものが発端であるといわれる。その後、**反戦運動やテレビのギャグなどを通して広がり、しだいに平和でのんびりとした場面で使われるポーズになっていった。**

ところでこの「ピース」、いまも穏やかならぬ場面で使われることがある。たとえば、**ギリシャでこのジェスチャーをすると、相手に「くたばれ」と言っていることになってしまう。これはかつて同国で2本の指を使って犯罪者に物を投げていたことに由来するという。**

また、「いいね」の意味で使われるサムズアップも、中東の一部では「くそくらえ」の意味になる。なかには、インドのように「はい」と肯定するときに首を左右に振る国もあり、ボディランゲージは意外と難しい。

鳥居の「鳥」って、どんな鳥？

神社の鳥居は、神域の内外を分ける境界として建てられている。その形や色は様々だが、よく見かける赤い色には、魔除けの意味が込められているという。

そもそも、鳥居はなぜ「鳥居」というのだろうか。これにはいくつか説があるが、**日本神話の太陽神・天照大神（あまてらすおおみかみ）が天岩戸に隠れた際、神々が声の良いニワトリを鳴かせて天照大神に出てきてもらおうとしたことに由来するといわれる**。そのときのニワトリの止まり木が後の鳥居、つまり、この考え方に基づけば、鳥居に居る鳥はニワトリということになる。

ちなみに、佐賀県の吉野ケ里遺跡などでは、木で作ったムラの門に数個ずつ鳥の細工が取り付けられている。これは、イネなどを司る穀霊が鳥にのってやってくるという信仰があったためだといわれ、特定の鳥に結び付けることはできなくても、鳥居の原型を彷彿とさせるものだ。

葛飾北斎の『富嶽三十六景』には、富士山ではない山が描かれている！

葛飾北斎は、日本の浮世絵師のなかでもとりわけ有名な存在だ。ゴッホやルノワールも影響を受けたといわれ、その美術史上の功績は計り知れない。彼の代表作『富嶽三十六景』は、様々な土地・角度から富士山を描いた傑作である。そのなかでも特に有名な絵に、**いまの愛知県にあたる場所で大きな桶を作る職人の向こうに富士山が見えるという、通称「桶屋の富士」がある。しかし、この絵に描かれているのは、実は富士山ではない。**

1976年、名古屋地方気象台が、北斎が描いたその場所で新導入の大型レーダーを使ってみた。それで観測して富士山を見ようとしたのだが、お目当ての山は見えず、地図ソフトを使ってみてもうまくいかなかった。ではあの山はなんだったのかという話になり、議論の末、いまでは南アルプスの聖岳(ひじりだけ)か上河内岳(かみこうちだけ)だろうといわれている。人力で富士山を見て描いていた時代だからこその間違いだが、それはそれでほほえましくよいものである。

日本の国技は囲碁！

日本の国技というと、「両国国技館」のイメージもあって相撲という印象が強いが、実は相撲は日本の国技と定められているわけではない。一方で、江戸時代から国技と称されたのは「囲碁」だ。

囲碁は約4000年前に中国で誕生し、5世紀ごろに日本に入ってきたという説が有力だ。織田信長・豊臣秀吉・徳川家康などの武将に親しまれ、彼ら自身かなりの腕前であったという。**江戸時代、将軍家に保護された名人・本因坊丈和（ほんいんぼうじょうわ）は、打ち碁を集めた本に『国技観光』というタイトルをつけた。また、御城碁**（将軍の前で行う対局）**以来国技として発展し、2020年には日本棋院からも国技宣言がなされている**。

なお、世界には面白い国技が色々ある。一例を挙げると、トルコの国技ヤールギュレシは、油まみれで行うぬるぬる相撲だ。この競技では相手を掴むのが難しいため、対戦者のズボンに手を入れて持ちあげる技がよく使われる。

日本には昔、コンニャクで作ったお札があった！

低カロリーな健康食品というイメージがあるコンニャク。**この植物は、明治時代に一度日本のお札づくりに使われたことがある。コンニャクが混ぜ込まれたのは、紙幣の強度を増すためだ。**たしかに噛み切りにくいコンニャクは、いい材料になりそうである。ところが、結果は逆だった。食べられる素材で作ってしまったがためにネズミなどに食われ、丈夫どころかボロボロになる例が相次いだ。

ちなみに、コンニャクは東南アジアが原産といわれ、諸説あるが日本には奈良時代に仏教とともに輸入されたと思われる。最初は医薬品やおやつとして貴族や僧侶の間で重宝された。完成までに非常に手間のかかる食べ物ということで、鎌倉時代までは一般的ではなかったようだ。

なお、滋賀県の特産品「赤コンニャク」は、派手好きの織田信長が赤く染めさせたという説がある。

トマトは野菜か果物かという裁判があった。果たして結果は……？

　トマトは野菜か果物か。定番の雑学としてよく問われるネタだ。**答えは木の実でなく草の実ゆえに「野菜」なのだが、19世紀のアメリカではこの判断が裁判にまでもつれ込んだことがある。**というのも、当時は野菜と果物で関税が異なり、取り扱う業者にとっては大問題だったのだ。

　いま思えば「なぜこれを争った？」と感じる裁判は、他にもある。たとえば中世のヨーロッパでは、しばしば作物に害を及ぼす昆虫たちが被告になった。彼らは申し開きをすることもできず（する気もなかっただろうが）、キリスト教から破門された。当時の人々にとって、「破門」は大きな恐怖だ。破門されれば神に救われることはなく、実質的に公民権も剥奪されるからだ。

　日本でビアホールが誕生したころには、「ビールの泡が多いのは詐欺ではないか」問題が持ち上がった。当時の裁判所の判断は、シロ。理由は、泡の方が液体よりもアルコール度数が高かったからだそうだ。それでいいのか？

車の助手席には、いったい何を助けてくれる人が乗っていたのか？

普段何気なく使う「助手席」という言葉。運転手の横の位置で、見晴らしもよい場所だが、ここがなぜ「助手席」とよばれるのかはあまり知られていない。

あり得そうなところとしては、運転手を道案内する係、運転そのものを補助する係などが考えられるが、これはいずれも不正解だ。正解にたどり着くには、日本で自動車が使われ始めたころのことを想像するとわかりやすい。

日本で自動車が導入されはじめたころ、使われていた車は国産ではなく、輸入車または海外の車を日本工場で作ったものであった。そのため、当時の日本人にとっては全体的にサイズが大きく、乗り降りも一苦労であった。そこで、タクシー業界ではお客の乗降をサポートする人を設けることになった。それが助手の正体であり、その係が乗る座席を「助手席」とよぶようになったのだそうだ。

白雪姫は、原作では召使にぶん殴られて目を覚ました！

一般的な白雪姫の物語は、継母に騙された姫が毒リンゴを食べて眠りに落ち、王子のキスで目を覚ます、というものだ。いかにもロマンチックなおとぎ話だが、グリム童話の初版ではもっとずっと荒っぽかった。

原話では、小人たちが何をしても姫は生き返らず、しかし生きているかのように美しい遺体であったため、ガラスの棺に入れられて山の上に安置された（なぜだ）。そこを王子が通りがかり、遺体でもいいからともらい受けた。王子本人は気楽なものだが、迷惑をこうむったのは召使だ。**主がどこにでも姫を運ばせるのでついに怒ってしまい、姫の背中をぶん殴った。すると、姫が目覚めて王子は喜び、ふたりは結婚した**……というストーリーである。

ちなみに、ディズニーによる『白雪姫』は、まろやかな現代版で、世界初の長編カラーアニメーションだ。この作品はアカデミー賞に輝き、オスカー像には7人の小人にちなんで7つの小さな像がセットになっている。

桃太郎には柿太郎という家来がいた！

「桃から生まれた桃太郎」のフレーズが有名な桃太郎は、かつては人から生まれていた。桃を食べて若返ったおじいさん・おばあさんの子どもなのだが、明治以降は教育上の配慮とやらで桃から生まれたことになった。

さて、『桃太郎』は日本のおとぎ話のなかでも特に有名で、そのアレンジも様々ある。たとえば、江戸後期に出版された『山入桃太郎昔噺』という本には、桃太郎だけでなく柿太郎が登場する。作中で、柿太郎はカニ・カエル・カラスをお供にして桃太郎に先んじて鬼退治に行くのだが、**鬼に捕まって召使のような扱いを受けてしまう。これを桃太郎が助け、以来長く仕えるようになったというストーリーだ**。

また、同様に江戸後期の『桃太郎元服姿』では、鬼の娘が桃太郎に恋をする。もはやなんでもありの状況だが、元のストーリーがよく知られているがゆえに、かえって人々の創作意欲を掻き立ててきた作品なのだろう。

真実の口って誰の口？

映画『ローマの休日』などで知られる「真実の口」は、もともとローマ時代のマンホールのふたであったといわれる。その重さは推定1300キロほどあるとされ、かつてギリシャ人たちが建てたといわれるサンタ・マリア・イン・コスメディン教会の壁にとりつけられている。

「真実の口」の特徴的な顔のモデルは、ギリシャ神話の海の神トリトン、またはオケアノスだといわれている。マンホールのふただけあって、水に縁がある神がモチーフになっているのだろう。

ギリシャ神話の神にまつわるものといえば、他にも「エオルス音」がある。こちらは風神アイオロスにちなむ現象で、平たくいえば電線に風が当たってひゅうひゅういうあの音のことだ。エオルス音は、柱状のものに強い気流が当たったとき、柱の後ろに空気の渦ができることで発生する。日本語では「虎落笛（もがりぶえ）」ともよばれ、俳句の世界では冬の季語になっている。

なまはげが脅しにくる「悪い子」ってどんな子？

秋田県の男鹿半島周辺の名物「なまはげ」。藁(わら)の衣装に鎌を持った姿で現れるそれは、「悪い子はいねが〜」と毎年多くの子どもを泣かせている。

ところで、**なまはげのいう「悪い子」とはどんな子だろうか。それはズバリ、怠け者のことだ。**なまはげの語源は「なもみはぎ」で、なもみは寒い日に囲炉裏の前から動かずにいるとき、手足にできる低温やけどを意味する。つまり、この低温やけどができるほど仕事をサボり、ぬくぬくと過ごした怠け者を懲らしめに来るのである。それにしても、「なもみ」を「剥ぐ」とは、ずいぶん物騒だ。脅すどころか実力行使の気配がする……。

ちなみに、なまはげは和食や歌舞伎などと並んで、ユネスコの無形文化遺産に指定されている。世界に誇る日本の文化と認められたわけだが、近年は後継者不足が深刻で、行事で扮装を担当する人のなかには秋田にやってきた留学生なども含まれているのだそうだ。

ピアノは昔、黒鍵の方が多かった！

ピアノというと、特徴的な白黒の鍵盤が思い浮かぶ。あの配色は目当ての音の位置がすぐにわかるようにするためのものだが、現在のかたちに落ち着くまでには様々な紆余曲折があった。

作曲家・モーツァルトが活躍したころのピアノは、実はいまと白黒の配色が逆だった。この理由にはいくつか説があるが、**当時は黒鍵が黒檀でできていた一方、白鍵がより高価な象牙製だったので、コストを下げようとした結果であるなどといわれる**。しかし、そのうちお金持ちが財力の誇示のために逆の配色にする例が出始めた。また、象牙でなくても白くて変色しにくい素材が開発されたため、しだいに見た目に安定感のある現在の白黒バランスになっていったという。

白黒といえばサッカーボールもある。あれはモノクロテレビの中継で目立つようにするためで、カラーが主流となった現在では配色が多様化してきた。

イエス・キリストは、救世主になる前大工だった！

キリスト教で信仰されるイエス・キリストは、聖母マリアが神の力で受胎して生まれたとされる。その後マリアはずっと独身を通したのかといえば、そうではない。受胎後ヨセフという男性と結婚し、彼とともにイエスを育てた。

ヨセフは大工だった。養い子のイエスもそれを継いだ。**イエスは30代ごろまでは一介の大工として過ごし、その後救世主として目覚めた**。それから3年半後には十字架にかけられたというから、救世主としてのデビュー（？）は比較的ゆっくりであったものの、その後の展開はずいぶん早かった。

ちなみに、キリスト教と並んで著名な仏教の始祖・ブッダは、庶民でなく王子だった。インドのシャーキヤ（つまり「釈迦」。一族の名前自体も釈迦族）を治める父のもとに生まれ、自身も10代で結婚。後継ぎの子どもも得たが、その子が生まれて間もないころ、29歳で出家したという。

モテまくったピカソが初めてフラれたのは、なんと72歳！

ピカソといえば、言わずと知れた20世紀の天才。**商業的にも大成功した画家で、その周りにはいつも女性がいた。ピカソは晩年まで数多くの女性と関係があり、初めてフラれたのは72歳（！）のときだったという。**フッたのは40歳年下（！）の画学生フランソワーズ・ジロー。ジローはピカソとの間に2人の子どもを産んだが、彼をめぐる女性関係にうんざりし、「あなたのような『歴史的記念碑』とは、これ以上生活を続けたくありません」と言って去った。ピカソは大きなショックを受けた。そして、彼女の絵を買い取らないよう、画商に根回しした（大人げない……）。

なお、ジローは2023年まで存命しており、101歳の大往生を遂げた。ピカソに妨害されても画家として活動を続け、晩年にはフランスのレジオンドヌール勲章も受賞した。そして、彼女とピカソの子であるパロマはティファニーの著名なデザイナーに、同じくクロードは写真家になった。

コナン・ドイルが亡くなったときには、世界中のファンからの花束を運ぶために特別列車が手配された！

コナン・ドイルは、『シャーロック・ホームズ』シリーズなどで知られるイギリスの作家・医師。彼や彼が生み出したホームズには、いまでも「シャーロキアン」などとよばれる熱心なファンがいるが、1930年にドイルが亡くなったときは一大ニュースとなり、**世界中のファンが彼の自宅あてに花束を贈った。その花束は膨大な量にのぼり、通常の方法では運びきれないほどだったので、特別列車を仕立てて輸送した**というエピソードまである。

イギリスの推理作家といえば、ミステリーの女王アガサ・クリスティは、実は恋愛小説も書いていた。その手の小説を書くときの名義は、メアリ・ウェストマコット。当初は正体を隠して執筆しており、同時代的には探偵小説よりもそちらが高く評価された。後にジャーナリストによって身元が暴かれてしまったが、それでもこの名義を使って作品を発表し続けた。なかでも『春にして君を離れ』は、日本でも比較的知名度の高い作品である。

元祖・お花見は、桜でなく梅で行っていた！

「お花見」といえば、一般に桜の花を眺めることだ。しかしこれは平安時代以降のことで、もっと前には梅の花を眺めることをさしていた。**梅は、奈良時代に中国からもたらされた。当時の中国は世界最先端の大国で、日本の人々もおおいに憧れたという。そこで、貴族たちはこぞって梅を鑑賞するようになり、それを「花見」と称した。**

ところが平安時代になると、**遣唐使が廃止されて国風文化が花開いた。**すると今度は**日本にもともとあった桜の方が人気になり、お花見の対象が桜に移っていった。**

江戸時代には、花見が公共事業にも利用された。8代将軍・徳川吉宗は、新しく開発した土地や土手に桜を植え、花を見物に来る人に土地を踏み固めて強くしてもらうことを期待した。いまでも川の土手などに桜が植わっているのは、その名残であるといわれる。

サンタクロースには、実は妻がいる！

サンタクロースは、キリスト教の聖人・ミラのニコラウスがモデルであるといわれ、貧しさで娘を売らなければならなくなった家に金貨を投げ入れ、靴下に入ったそれによって家族が救われたという言い伝えで知られる。

日本では白いひげのおじいさんひとりというイメージだが、欧米では実は妻がいるという伝承がある。**彼女はミセス・クロースとよばれ、妖精たちとお菓子を作ったりトナカイの世話をしたりして過ごしているという**。ちなみに、サンタのトナカイは生物学的に考えればメスだ。トナカイのオスは春に角が生えはじめて秋・冬には角が落ちるが、メスの頭にはほぼ真逆の時期に角がある。そのため、立派な角でそりを引くのはメス、というわけだ。

なお、サンタには双子だという話もある。ひとりがよい子に贈り物を渡し、もうひとりは悪い子を懲らしめるのだという。このような伝承のバリエーションがみられるのも、サンタが多くの人に親しまれているからこそだろう。

歌詞のない国歌もある！

スポーツの試合では、しばしば勝利チームの国歌が演奏される。この際、曲は流れるが選手が歌わない国があることにお気づきだろうか。たとえば、サッカーの強国であるスペインや、同じくヨーロッパのコソボなどがそうだ。

これらの国の国歌には、そもそも歌詞がない。非公式のものは存在する場合があるが、**公式に定めないのは、歌詞によって特定の民族や文化を優遇することになるのではないかという懸念があるからだといわれる**。かと思えば、多民族国家の代表格であるインドでは、映画館で作品を上映する前、来場者皆で国歌を歌う。これは、異なる背景をもつ国民の団結を図るためだそうだ。

なお、ヨーロッパには、1国の枠を超えて欧州全体を象徴する歌がある。それは、ベートーヴェンの『歓喜の歌』（いわゆる『第九』の一部）の主題部分だ。『歓喜の歌』にはもともと平和と人類愛への願いが込められているとされ、よく知られた曲でもあることから採用された。

ハワイの名物・マカダミアナッツチョコは、日系人が発明した！

ハワイで日系人が発明したものといえば、アロハシャツが有名だ。擦り切れて着られなくなった着物をシャツの形に加工しなおし、普段着として着たのがはじまりであるという。

ハワイ土産としておなじみのマカダミアナッツチョコも、日系人が生み出したものだ。日本で生まれ、その後マウイ島で暮らした日系三世のマモル・タキタニさんが、**ナッツを食べていたときに姪っ子にチョコレートのかけらを口に入れられ、そのおいしさに驚いたことから発明したとされる**。彼は、試行錯誤の末、ネスレの技術者に頼んで甘すぎないチョコを開発してもらった。それとナッツを合わせたところ一躍大ヒット商品となり、ついには「ハワイといえばマカダミアナッツチョコレート」というイメージにさえなった。

ちなみに、ハワイの人口の17％程度は日系人が占めている。住民の内訳からも、文化的にも、両地の関係は実に深いのである。

ブーケトスは、花嫁がボロボロにされないための防衛策！

笑顔の新婦がブーケを投げ、周りの女性たちに幸せのおすそ分けをする。結婚式で定番のブーケトスだが、始まったいきさつはあまりにも激しい。

14世紀ごろのイギリスでは、**結婚式の来場者が花嫁の幸せにあやかるため、装飾品や服の一部を引っ張って持っていくのが通例だった。**持っていくといっても、要は引きちぎるわけだから、当人にとってはたまったものではない。**身の危険を感じた花嫁たちは、いつしかブーケを投げて勘弁してもらうようになった。これがブーケトスの成り立ちである。**

なお、ウエディングケーキは、もともとはビスケットやパンのかけらを頭からかける、古代ローマの風習が由来とされる。原料の小麦が子孫繁栄のシンボルで、幸せが宿るとされていたのだ。そして、そこにブドウなどの果物を取り入れてフルーツケーキへと形を変え、いまのウエディングケーキになっていったとされる。

フランス人形は、最新ファッションの宣伝のために生まれた！

西洋の人形のなかでも、日本で特に有名なのは「フランス人形」だろう。華麗な衣装が目を引くが、それもそのはず、**フランス人形はもともと流行のファッションを伝えるために生み出されたもの**である。

14世紀・ルネサンスのフランスでは「パンドラ人形」という人形がつくられはじめた。これが、こんにちのフランス人形の源流である。この名は、好奇心に勝てず禁断の箱を開けてしまった女性・パンドラにちなむ。ファッションという抗いがたい魅力を伝える道具には、まさにうってつけの名前だ。パンドラ人形は以後数世紀にわたって活躍するが、19世紀ごろ印刷技術の発達で雑誌に取って代わられたことで衰退した。また、この人形は戦時中でも通行手形を得て国を行き来できたため、中に軍事機密を仕込まれるのを恐れたナポレオンに禁止されてしまった。これにより、ファッションの伝達という役目はなくなり、飾りや玩具という位置づけに変わっていったという。

日本最後の男子大学、学べた内容は〇〇！

日本には多数の女子大がある。女子大は、大学は男性が行く場という考えが主流だったころに女性の教育を目的として作られたものなので、あえて男子大学を設ける必要性が薄かったのだが、なかには伝統的に男子のみの入学を受け付ける〝男子大学〟も存在した。

日本最後の男子大学は、兵庫県の東洋食品工業短期大学だ。この大学は2008年に共学化されるまでは男子のみを受け入れていた。学生の定員は1学年あたり35人。まさに少数精鋭であり、1961（昭和36）年の開校以来、就職率ほぼ100％を維持している。

この学校は、昭和初期に日本製のあさりの缶詰が中毒事故を起こしたことがきっかけで創設され、**缶詰の研究・開発をはじめとして食品加工技術や食品容器に関する知識などが学べる**。また、実践的な学習のため、教育機関でありながら惣菜や缶詰・瓶詰を作る営業許可も得ている。

ひな人形には、三人官女の他に三人○○がいる！

桃の節句に飾るひな人形には、「三人官女」とよばれる女性たちがいる。彼女たちはいわばエリートキャリアウーマンで、宮中に出仕し、皇族の身のまわりの世話や祭祀の補助などを担当した。ちなみに、官女のうち最も年長なのは、中央の女性だ。三方（正月の鏡餅を載せたりするあの台）という格の高い道具を持ち、かつて既婚者の象徴であったお歯黒に抜いた眉というういでたちであることが多い。

ところで、7段ほどある大がかりなひな人形では、もう1セット3人一組の人形があることをご存じだろうか。三人官女よりずいぶん下段、桜や橘のある段に座る、召使姿の男性たちだ。彼らは地方から集められた庶民で、宮中の庭掃除などをする係である。**「三人上戸」とよばれ、その表情から怒り上戸・泣き上戸・笑い上戸、という**。表情豊かな子どもに育つようにという願いを込めて飾られているのだといわれる。

キリスト教の守護聖人はあらゆるジャンルにいる!

キリスト教には守護聖人といって、特定の人や職業を守ってくれるとされる聖人がいる。たとえば、漁師の守護聖人のひとりは元漁師で初代ローマ教皇のペトロ、フランスの守護聖人のひとりは同国出身のジャンヌ・ダルク、といった具合だ。

ちなみに、**日本にも守護聖人はいる。**厳密にはやはり複数いるのだが、なかでも有名なのは、日本にキリスト教をもたらしたフランシスコ・ザビエルだ。彼は多くの土地で布教活動をしたため、インドネシアやオーストラリアの守護聖人にもなっている。……守備範囲が広すぎである。

キリスト教には他にも、外見に自信がない人の守護聖人（スブールの聖ドリュオン）、テレビの守護聖人（クララ）、殺人者の守護聖人（聖ユリアヌス）までいる。日本でも火除けの神がしだいにネット炎上を防ぐ役割を持ち始めているので、ご利益とはこうして増えていくのだなと思うしだいである。

日本初のトランクルーム、お得意さんは芸者！

自宅にスペースがなくても、一定のお金を払うことで荷物を預けておけるトランクルーム。日本でこのサービスが始まったのは1931年のことで、三菱倉庫の役員がアメリカで視察した家具倉庫をヒントに構想したものであった。記念すべきトランクルーム第1号は、東京都の日本橋に設置された。

このとき**いち早くサービスを利用したのは、芸者や歌舞伎役者といった、仕事で着物を使う人たちだった。着物は買い替えや保管が難しいので専門の施設に預けるのが安心だったら**しく、サービスを利用する芸者のなかには、普段着で現地に来てそこで着替えた後お座敷に出る人もいたという。芸者や歌舞伎役者以外には、富裕層が購入した絵をしまうためなどに使っていたようだ。

なお、冒頭で話したように、トランクルームは海外のシステムから着想を得て日本でつくられたサービスだ。そのため、言葉自体も和製英語で、海外ではトランクルームでなくself storage（自分の倉庫）などという。

鼻で吹く笛がある！

笛といえば、日本ではリコーダーやフルートが有名だ。これらはいずれも口から息を吹き込むもので、一般に「笛」といえば、このようなイメージがある。しかし世界には、口でなく鼻で吹く笛もある。鼻笛を使う地域は、ブラジル・フィリピン・ハワイなど様々だ。

鼻笛には、リコーダーのような指穴がないものもある。ではどのように鳴らすかといえば、**鼻で息を吹き込み、口の開き方や舌の位置・形などでメロディーを奏でるのである。**

世界には、他にも興味深い笛がある。たとえば、オーストラリアの先住民・アボリジニが使うディジュリドゥは、白アリに食べさせたユーカリからつくられる。また、日本にはこのディジュリドゥにヒントを得たタカアシガニリドゥがある。静岡県沼津市の特産品であるタカアシガニの殻を使ったもので、長い脚を利用した豊かな音色が持ち味である。

アダムとイブが最初に身に着けた衣服は、イチジクの葉っぱ！

西洋絵画のアダムとイブは、しばしばわざとらしい位置に伸びる植物の葉で体の一部が隠されている。この植物はなんなのか。葉っぱ1枚でこれほどうまくいくものか。文献を紐解くとかつての伝承が浮かび上がってくる。

まず、あの葉っぱはイチジクのものだ。『旧約聖書』では**複数枚をつなぎあわせた**とされており、1枚で隠しきったわけではない。**イチジクは、果実の形状や茎から出る汁からの連想で、西洋では古来性的な意味を象徴する。**知恵の実を食べて自分たちが裸であることを知ったアダムとイブには似つかわしい植物だったのだろう。他にも、堕落や豊穣のシンボルという面もあり、意図的かはわからないがどこか知を得ることへの多面性が感じられる。

ちなみに、彼らが食べた「知恵の実」自体にも論争がある。リンゴとされることが多いが、聖書には具体名がないため、直後に葉を使ったならやはりイチジクではないか、コムギやブドウ、トマトではないかという説まである。

世界の終わりに備えた貯蔵庫がある！

気候変動や災害は、発生した場所の動植物の変化や絶滅に繋がり得る。近年は気候変動の影響もあり、生物多様性への懸念が広がっている。

そんな、いわば〝世界の終末〟に備えた貯蔵庫が、ノルウェー領スピッツベルゲン島にある。所在地にちなんで**スヴァールバル世界種子貯蔵庫**と名付けられたそこは、デンマークの植物学者ベント・スコウマンが構想し、実業家のビル・ゲイツなどが主導して建設したものだ。この施設は2008年に運用が開始され、いまでは**世界100ヶ国以上から約100万種の植物の種が持ち込まれている**。

この「現代版ノアの箱舟」に集められた種子は、マイナス18～20度で保存され、万一冷却システムが壊れた場合にも永久凍土によってマイナス4度程度が維持される。遠く日本からもオオムギの種などが提供されており、まさに世界を挙げた計画であるといえる。

学校の給食は、校長先生が毒見する！

学校の給食は、ひとたび問題が起こると一気に大人数が体調を崩すため、慎重な運用が求められる分野だ。**給食は子どもたちの口に入る前に、人の口や目で確かめて異常のなさを確認するのだが、このとき実験台になるのは、たいてい校長先生である。**

この作業は「**検食**」とよばれる。毒見といってもまさか現代ではめったなことはないだろうと思いがちだが、検食時に校長が異臭に気づいたことによって、実は食べ物の中に汚物が入っていたことがわかったという例もあるので、油断ならない。

ちなみに、検食に限らず、学校の先生は指導の一環で担当クラスなどで給食を食べるわけだが、たとえ仕事であっても給食費は払わなければならない。しかも、育ちざかりの子どもに合うように作られたメニューはカロリーが高く、年配の先生のなかには実はかなり頑張って食べきっている人もいる。

畳は昔、縁の模様で座れる人が決まっていた！

日本文化の代表的な道具といえば、なんといっても畳だろう。畳には通気性と温度調節機能があり、日本の気候によく合っているのだという。

実は畳は、かつて縁の模様によって座れる人が決まっていた。ひな人形を想像していただければわかりやすいが、**たくさんの色で彩られたあの畳は繧繝縁（うんげんべり）といい、天皇・皇后・上皇・神仏などでないと座れない**。他にも時折目にするのが、現在は**寺社などで使われる高麗縁（こうらいべり）だ。縁の色は黒と白の上品なモノトーンで、柄が大きければ親王や大臣、小さければ公卿が座った。**

さて、時折「畳の縁を踏まないように」というマナーを聞くことがあるが、これはなぜだろうか。柄で身分がわかるということは……そう、相手の権威や格式を踏むことになるからだ。特に江戸時代には、武士が縁に家紋を入れることがあったので、直接家の象徴を踏みかねなかった。実用的な面でも、縁を踏むと畳が傷みやすいため、やはり踏まずに避けるのが無難だろう。

タカラジェンヌには、公式お父ちゃんがいる！

華やかな歌と衣装で熱心なファンを獲得している宝塚歌劇団。その舞台に出るタカラジェンヌには、その活動と生活を支えるスタッフがいる。

たとえば、**「生徒監」という役職がある。団員（生徒）からは伝統的に「お父ちゃん」とよばれ、けがをしたときの付き添いや地方巡業に行くときのチケット取り、果ては退団時のエスコートまで、**なにかと頼りにされる存在だ。このポジションには、一流の鉄道員が据えられる。宝塚歌劇団は阪急電鉄という鉄道会社の一部署なので、定年まで阪急で勤め、大きな駅の駅長等を担当した人のなかから人柄などをみて選ばれるという。

ちなみに、宝塚といえば女性団員のイメージがあるが、かつては「男子部」も存在した。「男子部」は戦後8年にわたって実在し、中劇場への出演や陰コーラスの担当はしたものの、女子団員やファンの反対によって、ついぞ大劇場の舞台は踏むことなく解散した。

昔の人はクジラのひげでおしゃれしていた！

ヒゲクジラは、口から伸びる長いひげを使ってオキアミなどをこしとって食べる。一日の食事量は16トンにものぼり、小さなオキアミをどれだけ食べればその重量になるのかと、気の遠くなる心地がする。

クジラのひげは、古来人々の生活を様々なかたちで彩ってきた。たとえば、**江戸時代には女性の日本髪や男性の裃（かみしも）の内側に仕込まれて、張りだした部分をきれいに維持するのに役立った。かたや西洋では、ドレスのスカートを豊かに膨らませるために使われた。**他の素材に比べて軽くて弾力があるため、比較的着心地がよかったのだろう。なお、おしゃれから少し離れれば、戦中の日本では、クジラのひげから代用醤油が造られたこともある。

かつてクジラのひげで作られたものの多くは、やわらかい金属やプラスチックに取って代わられた。しかしいまでも、ヴァイオリンの弓や釣り竿の先端など、そのしなりや強度が重宝される分野で活かされている。

砂がピンクの砂浜がある！

砂浜の砂は、一般に石や生き物のかけらでできている。青い海に白い砂浜はよく映えるものだが、世界には白だけでなく、ピンクの砂浜もある。

たとえば、コモドオオトカゲの生息地であるコモド島や、イタリア・サルディーニャ島のスピアッジャ・ローザ（現地の言葉で「ピンク色のビーチ」の意）がこれにあたる。これらのビーチの砂は、**サンゴのかけらや美しい貝殻で知られるコンク貝の破片でできている。砂の色がピンクがかっているために砂浜全体もピンクに見えるのだ。**

ところで、アメリカのリゾート地として有名なマイアミビーチやワイキキビーチの砂は、現地以外の場所からわざわざ運んできたものである。砂は波の作用で沖合に出て行ってしまうため、放っておくと年々海岸が狭くなる。そこで、地元の観光資源やそのイメージを守るため、各地から砂が運ばれる。ビーチすら半分人工物であったとは、なんともいえない気分になる。

ヨーロッパにも神社はある！

神道は日本発祥の宗教で、全国を見渡せば神社は8万社以上も存在する。最も数が多いのは新潟県だ。その理由としては、政治の中心地から遠かったため明治期の神社合祀政策の影響を受けにくかったこと、かつ当時の人口が全国1位で人々の信仰の場が自然と多くなったことなどが挙げられる。

神社は日本だけでなく、海外にもある。ハワイやブラジルなど日系人と関わりの深い場所に点在する他、**神社本庁がヨーロッパで唯一公認しているサンマリノ神社も健在だ。**ちなみに、サンマリノ神社はブドウ畑の中にあり、その立地だけに現地で造られたワインがお神酒になっている。このワインは日本にも輸入され、時折「おみきワイン」という名で売られている。

お神酒は日本酒ではないのか。そう思った方もいるだろう。実のところわりと自由で、サンマリノ同様ブドウの生産が盛んな山梨ではワイン、南九州では焼酎と、その地域にあったお酒が奉納されている。

おまじないの「ちちんぷいぷい」ってそもそも何？

どこかコミカルな響きのある「ちちんぷいぷい」。このおまじないは、諸説あるものの、**春日局が江戸幕府3代将軍の徳川家光をあやすときに使った言葉だといわれる**。もともとは「知仁武勇(ちじんぶゆう)は御代(ごよ)の御宝」であったとされ、いまの言葉とずいぶん異なる印象ではあるが、将軍のあるべき姿を幼いころから説いた言葉と思えば、乳母と若君の関係ではあっても、どこか現代の親子のような情愛が感じられる。

呪文のような言葉といえば、「アブラカダブラ」も著名だ。こちらの語源は未詳だが、護符に刻めば治癒力があるとされ、一説には病気や厄災を払うおまじないであったのではないかとみる向きもある。なお、「アブラカダブラ」はポケモンの英語名にも使われている。エスパーポケモンのケーシィがアブラ、それが進化したユンゲラーがカダブラという。どこか謎めいた響きが、不思議な力をもつ生き物の名前としてふさわしかったのであろう。

東京砂漠は実在する！

「東京砂漠」というと、内山田洋とクール・ファイブのヒット曲が思い出される。この言葉は、都会の冷たさやそこで暮らす人の生きづらさを表す比喩表現だが、**大都市のイメージのある東京には、日本で唯一国土地理院の地図で「砂漠」と認められている場所がある。**

この砂漠は、「裏砂漠」「奥山砂漠」という。いずれも東京都に属する伊豆大島にあり、火山性の岩や砂、そして強風で植物などが育ちにくい環境だ。

ちなみに、奥山砂漠は、裏砂漠のさらに奥にあることから名づけられた。裏砂漠は、かつて山の南側に表砂漠とよばれる場所があったための名称だが、現在の表砂漠は植物が成長し、あまり砂漠らしい見た目ではなくなっている。

なお、日本有数の砂地である鳥取砂丘は、実は砂漠ではない。こちらは掘り返すとすぐに湿った土が出てくるし、白ネギやラッキョウを育てる農業も盛んである。

日本初の通販商品は、トウモロコシの種！

通信販売とは便利なもので、遠い土地の物産や重たいものも、指定の場所まで運んでもらうことができる。日本の通信販売の歴史は1876（明治9）年に始まり、導入したのは教育者・津田梅子の父である津田仙だった。彼は農学者であったため、日本の農業の近代化を進めた**『農業雑誌』という本に広告を出し、アメリカの甘いトウモロコシを紹介した。このトウモロコシの種がほしい人は、1袋あたり10銭の郵便印紙を用意して注文し、種の到着を待った。**

通販が可能になった背景には、1871（明治4）年の郵便制度開始の影響も大きい。旧来は、買い物といえば直接人から買わなければならなかったが、郵便制度の発達により全国一律の条件で遠くまで送れるようになった。さらに時代が下った現代では、インターネットの整備によってますます便利である。通信販売は、今後も主要な物販方法のひとつであり続けるだろう。

学校のテストが法律で禁じられている国がある！

学校の在り方は、国によって様々だ。通う年齢や進路決定のタイミングなど、海外には日本と異なる風習が多数存在する。

学校生活の違いでいえば、**デンマークでは法律により、9年間の義務教育のうち7年生までは試験を禁止している。これは、順位がつくことで子どもたちが自信を失わないようにするための配慮であり、同じ理由で通知表も作成しない**。

また、アメリカの学校では、意外なものが禁じられていることがある。州によっても教育制度が異なるのだが、複数の州でNGとされている競技はドッジボールだ。禁止の理由は、暴力的でいじめを助長するからとのこと。たしかに、人にボールをぶつける競技とは、考えてみれば物騒だ。他にも、銃乱射事件への警戒などから、リュックを禁止する学校もある。お国柄は校則にも出るものだ。

チェコには、小便小僧ならぬ小便大人の像がある！

ベルギーの小便小僧は、かつて街が戦火に包まれそうになったとき、小便で導火線の火を消した少年を称えるためにつくられたという。また、**ベルギーの隣国・チェコには、小便小僧ならぬ小便大人の像がある。こちらは現地で立小便が多いことに驚いたアーティストがつくったもので、携帯電話からリクエストを送ると、腰が動いて水面に小便で好きな文字を書いてくれる。**

便といえば、世界には大便に関する像もある。たとえば、スペインのカタルーニャ地方には排便する男性をかたどった「カガネル」という人形が伝えられ、豊穣や繁栄を願ってクリスマスの時期に飾られる。近年では芸能人やローマ教皇までモチーフにされる、なにかと話題の人形だ。なお、なぜ大便が豊穣を司るかといえば、それだけ豊富に食料があることが連想されるからだ。たとえば、日本神話のオオゲツヒメやインドネシア神話のハイヌウェレは肛門から食料や宝物を出すことができ、同様の神は世界各地に存在する。

ピエロの服が縞模様なのは、アウトローの象徴！

サーカスや大道芸でこっけいな役割を演じるピエロは、イタリアの即興喜劇で定番だった召使役・ペドロリーノに由来するといわれる。また、ピエロといえば、よく目立つ衣装も印象的だ。しばしば彼らの服にみられるストライプは、元をたどればキリスト教世界で悪魔のイメージをもつ模様である。そのため、**かつては芸人・娼婦・囚人など、市民生活の外側に位置するとみなされた者が着た、あるいは着せられた柄であった**。いまでも犯罪者を戯画化して描くときなどに縞模様の服が登場するのはその名残である。加えて、ピエロの場合には、方々でご祝儀としてもらった衣服を縫い合わせ、自分の能力を示すために着用したという話もある。

なお、縞模様が縞模様とよばれるのは、もともと南の島から伝わった「島模様」であったからだといわれている。日本でよく知られるようになったのは室町時代以降で、茶道具やそれを包む布地の柄として流行した。

アメリカ大統領・ケネディはヤシの実に救われたことがある！

アメリカ大統領・ケネディの執務室には、ヤシの実で作ったペーパーウェイトがあった。それはかつて彼の命を救ったもので、不屈の精神を忘れないために置かれていたのだという。

第二次世界大戦当時、ケネディは魚雷艇の艇長を務めていた。ところがある日、海で日本軍の駆逐艦・天霧に出会ってしまい、自艇は駆逐艦の体当たりで沈没。水泳選手の経験もあったケネディは、負傷者をかばいながら遠泳し、どうにか陸地にたどり着いた。そこは味方の航行ルートから外れた場所だったのだが、**諦めず現地の人に「11名生存。場所は原住民が知っている」と刻んだヤシの実を託したところ、見事生存者全員で帰国することができた。**

戦後、ケネディが上院議員選に出馬すると、かつての天霧の乗組員たちから激励の色紙が届いた。ケネディ本人も彼らとの再会を望んでおり、敵味方の垣根を越えて思いがけない友情が育まれたのであった。

オランダでは、水泳するのに免許が要る！

日本で免許が必要な行為といえば、車の運転や狩猟などだ。他にも海外の場合、その国に応じた一風変わったものがある。

たとえば、**オランダでは泳ぐのに免許が必要だ。この国は全体的に低地にあり、水の危険がすぐそこに潜んでいるので、子どもたちはいざとなったときに泳げるよう、免許をとった上で水遊びをする。**

ドイツの釣り免許は、川の生態系を崩さないよう、川や魚についての知識を得るために設定されている。現地では釣っても川に戻さなければいけない大きさの魚などが定められており、釣り人はそれに従ってレジャーを楽しむ。

なお、資格面でいえば、フランスにはチーズ熟成士の国家資格がある。このライセンスをもつ人は各地から優れたチーズを買い付け、さらにおいしく熟成させていく。カビ着けや型崩れの防止など、手間暇をかけてチーズを育てる文化の国ならではの資格である。

ギネス世界記録になったプロポーズがある！

あらゆる世界一が記録されているギネスブックには、とある日本人のプロポーズが掲載されている。**挑戦者はまず会社を辞め（！）、半年かけて日本中を歩き、GPS機能を使ってMARRY MEと書いた。その結果、「世界最大のGPS絵画」として記録されることになった。**

かと思えば、実に地域密着型の求婚方法もある。エチオピア西南部のとある部族では、地元特産のコーヒーをプロポーズに使う。夜、男性側の父親が求婚したい女性の家に生のコーヒー豆を置いてくると、朝になって「このコーヒーは誰のものか」という話が始まる。そこへ男性が名乗り出て、皆でコーヒーを飲みながら結婚の話し合いをする。最終的に、飲んだのがコーヒーと認められればプロポーズ成功、「水だった」といわれれば不成功だ。

ちなみに、発明王エジソンはモールス信号で求婚したことがある。結果は成功で、37歳のときに20歳の仕事仲間の女性と結婚した。

アメリカでは、51番目の州ができたとき用に旗の案がある！

アメリカ合衆国の国旗は、州の数に合わせて50個の星が描かれていることで有名だ。赤と白の横縞は独立時の13州の象徴であり、いずれにしても州の数にちなんでいる。では、州の数が増えたら、旗のデザインはどうなるのか。これについては、**実はすでにアメリカ陸軍などが提案したものがある。**

陸軍による2案の場合、いずれも星の数が51個に増える。片方は合衆国独立時の旗のように星が円形に並んでおり、もう片方は現在のように星が四角く並んでいる。

ちなみに、どこが51番目の州になるのかといえば、同国自治領のプエルトリコや特別区のコロンビアが有力だ。特に、プエルトリコでは2017年に州への昇格を問う住民投票が行われ、多数の棄権者は出たものの、投票者の97・2％が州になることを希望した。ひょっとしたら、そう遠くないうちに、1959年のハワイ以来の新しい州ができるかもしれない。

横のしましまが表すのは独立当時の13州。
どちらも星の数は51個。

福澤諭吉は酒のせいで謹慎処分になったことがある！

福澤諭吉といえば、慶應義塾大学の創設者として知られる教育者だ。そんな彼には酒豪の一面があり、お酒による失敗エピソードも残っている。諭吉は3度欧米に渡り、『西洋事情』という本まで残したのだが、その2度目で事件は起こった。**アメリカに向かう船で大量に飲酒したところ、酔った勢いで「幕府は倒すべき」などと発言。諭吉を派遣していたのは、なにを隠そう江戸幕府だ。そんなわけで、帰国後呼び出され、謹慎処分をくらった。**

一方、慶應と並び称される早稲田大学の創設者・大隈重信は、佐賀銘菓の丸ぼうろやメロンが好きだった。特にマスクメロンは大正時代に大隈邸で日本初の品評会が開かれたほどで、このときは「早稲田」と名付けられた新品種が1等を獲得した。このことは新聞などでも取り上げられ、マスクメロンの知名度向上につながった。大隈は、メロン以外にもマンゴーを育てるなどしており、個人には珍しく果物や花を育てるための温室まで持っていた。

犯罪に使われたものを集めた「犯罪博物館」がある！

犯罪やそれに与えられる刑罰は、ときに人を惹きつけ、ときに戒めにもなる。世界には数多くの博物館があるが、犯罪に関する博物館もまたある。**最も著名なのは、ロンドン警視庁にあるブラックミュージアムだろう。ここはもともと警察の新人教育のために作られ、切り裂きジャックの犯行声明文や犯罪者の私物、かつて絞首刑に使われた縄など、様々な物品が収蔵されている。**

また、日本の明治大学博物館の刑事部門は、法学研究のために実物を見て学ぶことを目的に設けられた。この博物館では、特に海外の拷問具や日本の法律の歴史、江戸時代の刑罰に関する情報などを得ることができる。

他にも、アメリカのCIA博物館にはスパイ活動のための道具や特殊な仕込み武器などが、ベラルーシの税関押収品博物館には密輸された美術品などが、それぞれ多数収蔵されている。

『吾輩は猫である』には多数のパロディ作品がある！

夏目漱石の『吾輩は猫である』には多数のパロディ作品がある。

たとえば、**漱石に才能を見出され、のちに葬式の受付まで務めた芥川龍之介は、『吾輩も犬である』という小説を書いている。有名作家の三島由紀夫も、少年時代に『我はいは蟻である』を著した。漱石の弟子の内田百閒は、師に倣って『贋作吾輩は猫である』を書いた。**加えて、彼の漱石への尊敬（？）はかなり重度だったらしく、師の全集の校正を担当するだけでなく、漱石の鼻毛（！）を集め、『漱石遺毛』という文章まで残している。なお、なぜ百閒が鼻毛を集めることになったかといえば、漱石には執筆が進まなくなると鼻毛を抜いて原稿に貼る癖があったためだ。

多くの人に慕われすぎるほど慕われていた漱石は、あまりに来客が多かったため、ある時期から毎週木曜に自邸で面会の場を設けるようになった。この催しは「木曜会」とよばれ、彼の死の直前まで継続して開催された。

『最後の晩餐』では何を食べていたのか？

巨匠レオナルド・ダ・ヴィンチの代表作『最後の晩餐』は、ミラノの教会の食堂に描かれている。この絵はこんにち大切にされるようになるまでいくつもの災難に見舞われており、そもそも食堂にあるので食べ物の湿気でいたむ、その後馬小屋として扱われたので動物の排泄物などによるダメージを受ける、第二次世界大戦時には建物の屋根が破壊されて雨ざらしになるなど、散々な扱いであった。

ところで、キリストが口にした最後の食事といわれると、そのメニューが気になってくる。調べてみたところ、**メインディッシュが魚であることは複数の説で一致しており、なかにはウナギのオレンジ添えではないかという説もある**。魚は古来キリスト教の象徴であり、ウナギは絵画の制作当時イタリアで人気の食材だった。ダ・ヴィンチの買い物メモにもウナギと書かれたものが残っているので、食材として認知していたことは間違いないだろう。

日本の地名はなぜ2文字が多いのか？

日本の地名はなぜか2文字のものが多い。都道府県名を思いうかべても、神奈川・和歌山・鹿児島の3つを除きすべてこの条件にあてはまる。

これは、中国・唐の影響であるという。**当時の中国には縁起のよい2文字で地名をつける傾向があり、奈良時代の日本ではそれに倣う命令**（好字二字令）**が出された**。このことは、当時の朝廷が中央集権化を進めていたこととも関係がある。この法令以前は地名の綴りの長さは不統一で、同じ地名に複数の書き方が存在することもあったのだが、それを国の命令で統一するということは、そのこと自体が朝廷の威光の確認・誇示につながり得た。このような事情で、倭は大和、泉は和泉などと変化し、現在知られる地名の綴りが定着していった。

なお、この政策の影響は現在の名字にも及んでいる。名字の多くは地名由来なので、地名に2文字が多ければ、名字も自然とそうなっていくのだ。

人類史上たったひとりだけ月面に埋葬された人がいる！

近年話題の宇宙葬。日本でも成功例があり、ついに現実のものとなってきた。また、世界遺産の醍醐寺らにより、宇宙に寺を建立しようという計画もある。いよいよ供養や埋葬がグローバル、いやユニバーサルになってきた。

さて、宇宙葬というといまのところ地球の周回軌道に遺骨を届ける方法が主流だが、**これまでにたったひとり月面に埋葬された人がいる。その人物は、ユージン・シューメーカーという。**NASAの計画に参加し、月面を歩いた最初の地質学者になる予定だったが、健康上の理由で断念。以降は後進の宇宙飛行士の訓練などで活躍したものの、クレーターの調査中に交通事故で急逝してしまった。そんな彼は多くの人に悼まれ、小惑星・小惑星探査機・クレーターなどの名前の由来となった。そして、月に行きたいという彼の夢は、死後叶うことになる。**遺灰の一部がNASAの探査船に搭載され、月面に到達。月の南極付近で眠りについている。**

文化の教養クイズ！

正解と思うものを選んでください。

QUIZ 1

お昼の12時は「正午」。では、夜中の12時は？

A.正子　B.正父　C.正妹

QUIZ 2

広島の平和記念公園に贈られた折り鶴が生まれ変わるものは？

A.肥料　B.服　C.ペットボトル

QUIZ 3

次のうち、伝統的に豆まきをしなくていいといわれるのはどんな名字の人？

A.たむら　B.わたなべ　C.かとう

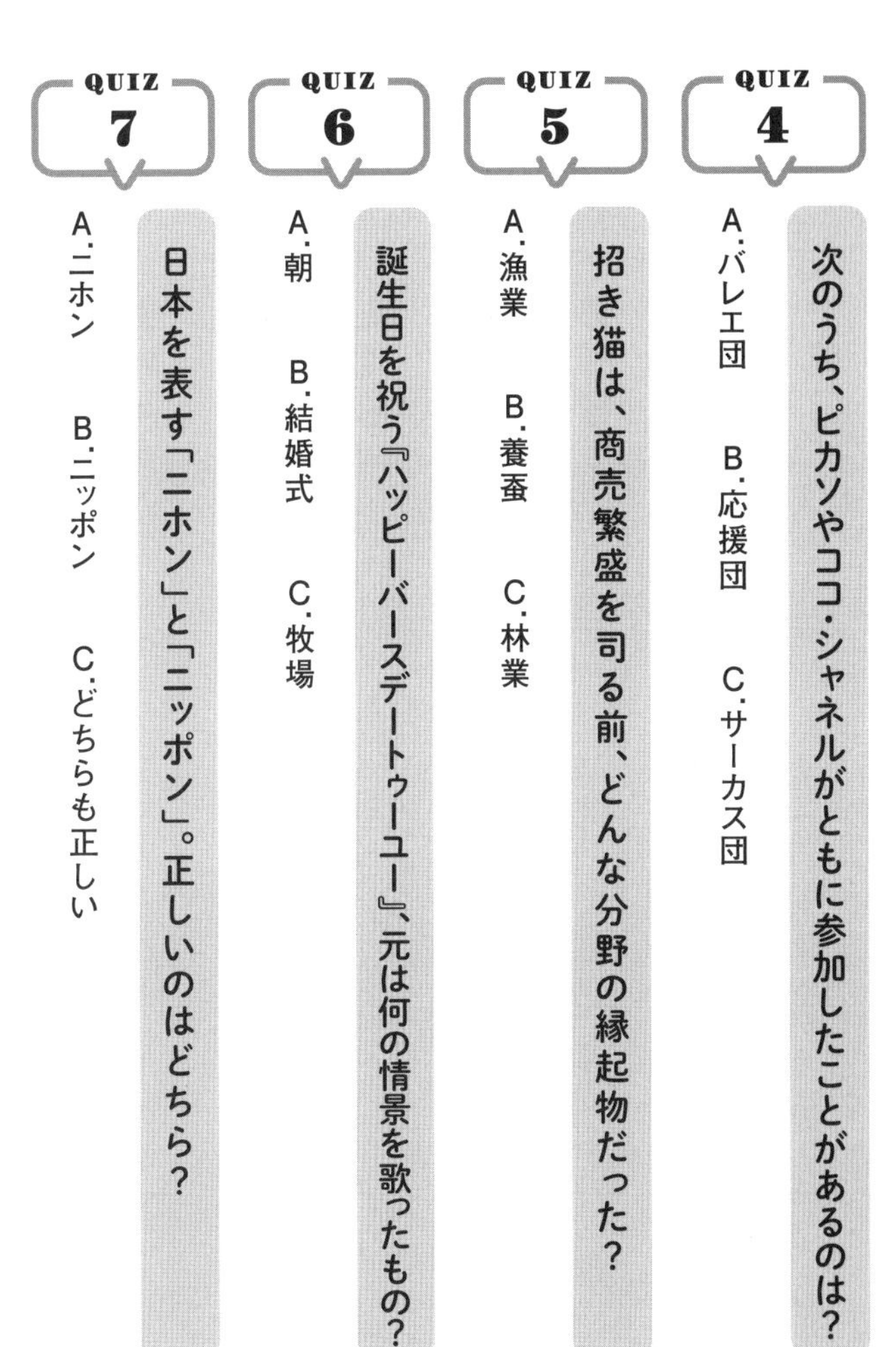

QUIZ 4

次のうち、ピカソやココ・シャネルがともに参加したことがあるのは?

A.バレエ団　B.応援団　C.サーカス団

QUIZ 5

招き猫は、商売繁盛を司る前、どんな分野の縁起物だった?

A.漁業　B.養蚕　C.林業

QUIZ 6

誕生日を祝う『ハッピーバースデートゥーユー』、元は何の情景を歌ったもの?

A.朝　B.結婚式　C.牧場

QUIZ 7

日本を表す「ニホン」と「ニッポン」。正しいのはどちら?

A.ニホン　B.ニッポン　C.どちらも正しい

答え

QUIZ 1
正解A
正午はかつて十二支で午の刻と表した。夜中の12時は子（ね）の刻にあたるので、正子（しょうし）という。

QUIZ 2
正解B
年間約10トン、1,000万羽もの折り鶴が届く。この繊維を使って「折り鶴レーヨン糸」を作成し、Tシャツやタオルなどを作る。

QUIZ 3
正解B
平安時代の武将・渡辺綱に鬼退治の伝説があるため、縁者のわたなべさんは豆まきをしなくていいという言い伝えがある。

QUIZ 4
正解A
パリを中心に活躍したバレエ・リュスという団体。多くの芸術家が参加し、モダンバレエの基礎が築かれた。

QUIZ 5
正解B
もとは養蚕でネズミをよける守り神だった。現代では右手はお金、左手は人を招くといわれている。

QUIZ 6
正解A
もともとは『Good Morning to All』という曲の替え歌。世界一歌われている曲として、ギネス記録に認定されている。

QUIZ 7
正解C
どちらも正しいが、より古いのはニッポン。近年は、より響きの柔らかい「ニホン」でよぶ人が多くなってきた。

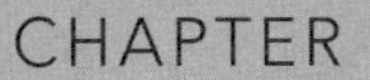

6

言葉・文字の超雑学

与党でも野党でもない政党は、ゆ党！

選挙の時期になると、与野党の攻防が激化する。そんなとき、**与党と連立するわけでもなく野党のように対立するわけでもない党が見受けられる。このような党は、俗に「ゆ党」とよばれる。**名前の由来は、**ズバリ五十音順で「や」と「よ」の間に「ゆ」があるからだ。**

選挙といえば、「桃太郎」という言葉がある。どんな意味か、一度想像してみてほしい。これは、選挙活動中に候補者がのぼりを立て、人を引き連れてあいさつ回りをすることだ。この名がついた理由はいたってそのまま、候補者一行のいでたちが昔話・桃太郎の登場人物たちに似ているためだ。

また、選挙カーでおなじみのウグイス嬢。嬢というからには一般に女性であり、男性が務める場合は「カラス」または「カラスボーイ」とよばれる。カラスを務める男性は往々にして黒や紺などのきちんとした印象のスーツを着ているため、その様子を鳥のカラスに見立てて名づけられたのだそうだ。

馬力があれば驢馬力もある！

「馬力」とは、その名のとおりウマ1頭の仕事量から生まれた単位だ。イギリスで蒸気機関が発明されたとき、新しい機械の性能をわかりやすく表すために、それまで荷物を運んでいた動物の力に例えて説明したのである。具体的には、75キログラムの物体を1秒間に1メートル動かす力が一馬力だ。ただしこれは、継続してウマが出せる力を基準にしたもので、ウマたちはごく短時間なら数十馬力の力を出すことができる。

さて、馬力があれば、「驢馬力」もある。**驢馬力は馬力の3分の1程度の強さで、主に西洋で使われる言葉だ。**古来ロバはウマより愚鈍だと思われていたので仕事量が控えめになっているが、実際にはロバはウマ科のなかでも特に小柄ながら力が強く、ウマよりも荷運びに向くといわれる。縄張り意識が強く記憶力もよいことから、世界には番犬ならぬ番ロバで家畜を守る地域もある。

漢字の「香」が表すのは、本来どんな香りのことだった？

漢字の成り立ちにはそれぞれ意味があり、知られざる古代の歴史や習慣が関わっている。

たとえば、「よい香り」などというときの「香」はどうしてこのような字なのかと思って調べたところ、「禾」と「日」が組み合わさって生まれた漢字であることに行き着いた。「禾」は「のぎ」、つまり穀物のことだ。普段なじみがない方も、小学校で習った「のぎへん」などを思い出していただければわかりやすい。一方、「日」は「甘」が変化したものだといわれ、口に含んだものが甘いこと・うまいことを意味する。このことから、**「香」が表すのは、もともと黍（きび）をゆでたときの甘い香りのことだったという説がある。**

穀物といえば、同じく「禾」がつく秩序の「秩」は、もともとは収穫した穀物を順序良く積み上げる様を表す字である。ここから転じて、ものごとの順序一般を表すようになったといわれている。

とあるカタカナは、海外で顔文字として人気！

顔文字とは便利なもので、文字を絵のように使って感情を表現することができる。ご自身では使わずとも、以下のようなものを見かけたことがある方は多いだろう。

m(_ _)m

ﾟДﾟ

この顔文字を分解した場合、mはローマ字、Дはキリル文字（ロシア語など、スラヴ系の言語で使われる文字）を転用したものである。同じように、海外の人が使う顔文字のなかには、日本語の文字を使ったものがある。

とくに有名なのは、**カタカナの「ツ」を使った顔文字**だ。点の部分を目、ノの部分を口に見立て、たとえば以下のようにして描く。

¯_(ツ)_/¯

この顔文字は2000年代に旧Twitter上で現れ、2015年ごろ特に盛んに使われたようだ。主な意味は「さあ？」「どうしようもないな」といったところだ。この顔文字はのちに絵文字化され、いまではユニコードに指定された絵文字にもなっている。

ドイツ語の「悲しみベーコン」って、いったい何？

アルバイトやバウムクーヘンなど、日本で通じるドイツ語は数多い。これは、江戸時代に蘭学を通してドイツの知識が入ってきたり、明治政府が日本の近代化を進めるためにドイツを手本にしたためだといわれる。

かくいう筆者も多少ドイツ語を学んだことがあるのだが、「Kummerspeck」という言葉に出会ったときは驚いた。**直訳すると、「悲しみベーコン」。意味は、失恋などでやけ食いし、うっかりついてしまったぜい肉のことだ。**なんというか、絶妙すぎる。

ドイツ語には、他にもHexenschuss（魔女の一撃）やKatzensprung（ネコのひと飛び）という言い回しがある。前者はぎっくり腰のこと、後者は目と鼻の先の意だ。また、Hüftgold（腰の金）という言葉もある。これはズバリ、腰周りの脂肪のこと。悲しみベーコンといい腰の金といい、やはりぜい肉のつき具合は気になってしまうものらしい。

最も読みが多い漢字は、たぶん「生」！

「生」は小学1年生で習う漢字のひとつだが、その読みは実に多岐にわたる。生きる、生まれる、一生、生チョコ、生憎、生方……これだけ簡単な文字なのに、その音の豊かさには驚かされる。「生」の読みは、常用漢字表で言及されているだけでも12個あり、ここにないものも含めると、一説には150以上の読みがあるといわれる。考えてみれば、誕生・壬生・晩生など、「生」を使う熟語は様々ある。羽生や弥生に至っては、文字列全体として慣習的に使われるためか、どこからが「生」そのものの読みなのかも判然としない。ややこしいが、実に奥深い。

反対に、「死」の読み方は「し」一択だ。この話を知人にしてみたところ、「生き方はいろいろあるよ～なんて言われているようで、死がひとつだというのもなにやら哲学的で面白い」とのことだった。良い解釈だなぁ、と思わず唸ったしだいである。

俳句の季語、一番長いのは5・7・5を越える！

俳句には、原則として季節を表す「季語」が入る。ひとつだけ入れるのが基本だが、なかには「まっすぐな道でさみしい」（種田山頭火）のように季語がなかったり、「目には青葉　山ほととぎす　初鰹」（山口素堂）のように季語が複数含まれる句もあったりする。

季語のなかでも一番長いといわれているのは、「**童貞聖マリア無原罪の御**（おん）**孕**（やど）**りの祝日**（いわいび）」だ。これは聖母マリアの母アンナがマリアを身ごもったといわれる日のことで、12月8日をさす。ここで問題なのが、季語が長すぎて5・7・5を超えることだ。俳句に関わる知人たちに使い方を聞いてみたところ、「使わない」「連句の一部としてならいけるかも？」とのことだった。実際使用例に乏しく、ようやくひとつ『絶滅寸前季語辞典』という本でみつけた。とはいえそこでも、先行例が見当たらずという状態だった。調べたことでかえって謎が深まる季語であった。

ラーメンの「ラー」は、引っ張るという意味！

いまや日本の国民食ともいわれるラーメン。その名を知らない人はまずいないが、名前の由来はご存じだろうか。ラーメンという名前は、中国語に由来する。「メン」は日本語でもおなじみの「麺」の意、**「ラー」は漢字で「拉」と書き、「引っ張る」という意味**だ。これは、麺を作るときに生地を引っ張ることに由来する。そう思えば、納得の成り立ちである。

ちなみに、かつてラーメンを最初に食べた日本人は水戸黄門だといわれていた。この雑学は有名で、これまで様々な場所で言及されてきた。しかし近年になって、彼でなく別の人と思われることがわかった。最新の研究により、水戸黄門から遡ること約300年、後醍醐天皇の皇子のひとりがラーメンの原型となる麺類を食べた記録がみつかったのだ。

なお、ビビンバやビビン麺のビビンは韓国語で「(かき) まぜる」という意味だ。文字どおりかき混ぜて食べるため、この名前がついている。

虹色は、昔ピンクのことだった！

現代の日本では、虹は7色とみなすのが一般的だ。これは、科学者ニュートンが、虹の色と音楽の音の高さ（ドレミ）を関連付けて提唱したことをきっかけに広まったといわれている。

一方、**日本の伝統色では、「虹色」といえばピンクのことだ。この「虹色」は紅花で淡く染めてつくるもので、見る角度や光の加減で青や紫にもみえることからこうよばれている。**

ちなみに、「ピンク」という言葉は、そもそも何に由来するかご存じだろうか。これは、ナデシコの英語名に拠るもので、サクラの花に似た色を桜色、バラの花びらのような色をバラ色というのと同じ仕組みだ。

なお、虹は主に日光が空気中の水分に反射してできるものだが、なかには月の光によるものもある。これは「月虹」とよばれ、よく観察されるハワイでは、幸せの象徴ともいわれる現象だ。

いの一番はもともと○○用語！

「まっさきに」という意味の「いの一番」は、大工たちが使ってきた建築用語に由来する。**かつて、建物を造る際、柱の位置を縦にい・ろ・は……、横に一・二・三……と表したことから、縦横どちらからみても最初にあたり、その建築物で一番初めに建てられる柱を「いの一番」とよんだのである。**

建築関係の慣用句は他にもある。たとえば、物事がよい状態にあることを表す「結構」は、本来建物の組み立て具合をいう語であった。この言葉が中国から入ってきた後、しばらくは「すばらしい結構」などと使われたわけだが、しだいに「結構」のみでよい意味をもつようになり、現在に至る。

逆に、よくない意味の「蔑む」も建築由来だ。柱の傾きをみる際、大工道具の墨壺（直線を引く大工道具）についた縄を垂らして調べるのだが、これを下墨（さげすみ）、さらには動詞化して「下げ墨む」といった。ここから転じて、「蔑む」は他者を劣ったものとみなす意味に派生していった。

「二足の草鞋」とは、もともとどんな職業の人のこと？

「二足の草鞋」とは、ひとりの人物が両立の難しいふたつの仕事をこなすことをいう。副業が一般的になってきた現代では、特に耳にする機会の多い慣用句である。

この言葉は、**元来賭博師でありながら賭博を取り締まった人々のことを指した。**江戸時代、いまでいう刑事のような役割を担っていた役人（同心）は、公的な部下とは別に私的な協力者を雇っていた。その協力者は、しばしば表裏のあらゆる情報が集まる賭場に出入りする博徒であった。彼らのなかには、賭博師でありながら賭博を取り締まる捕吏（ほり）を兼ねるものも現れた。これが「二足の草鞋」の語源である。

ちなみに、二足の草鞋は、英語ではwear two hats（2つの帽子をかぶる）という。hatには帽子以外に「仕事」や「役割」といった意味もあり、3つ以上を兼ねる場合はwear many hatsのように表現する。

犬という字の「丶」は耳！

「大」という字は、手足を広げ、正面を向いて立つ人の姿から生まれた。同様に、「太」は大という字に同じ意味を重ねる記号をくっつけ、大きさを強調したものだ。では「犬」はどうだろう。この漢字は**横向きで耳を立てた犬の様子からできたといわれ、「丶」の部分がまさに耳である**（これを知るまで、筆者はしっぽだと思っていた）。

漢字に使われる点には様々な意味がある。たとえば、雨という字は雲から雨が落ちる様子を表したものなので、この点々は雨粒そのものである。また、「熱」や「照」の部首は灬であるが、これはれっか（れんが）とよばれる。漢字を当てれば烈火（連火）だ。この字面からよくわかるように、並んで燃える火を意味している。他にも、「魚」という字は魚をかたどった象形文字で、点の部分は魚のひれを表している。このように、漢字の点ひとつにも、様々な意味がある。

青二才って、もともと何が若いこと？

「青二才」は、主に経験に乏しい若者をさげすむときに使われる言葉だ。言われた方としてはたまったものではないが、建設的な指導でなく悪意が明らかな場面で使われたときには、「この人意味わかって言っているのだろうか」とでも思うと、少しおだやかな気持ちで受け流せるかもしれない。

「青二才」の語源には、大きく分けてふたつの説がある。ひとつは**ボラなどの出世魚が若いことを意味する「二才魚」から生じた言葉だという説**。もうひとつは、昔、**若者組の新人のことを新背（にいせ）といったことに由来するという説**だ。ちなみに、英語では同様の意味でgreenhorn（緑の角）という。青や緑には萌え出る植物のイメージがあり、洋の東西を問わず若さが感じられるのだろう。なお、青二才と似た用法で「くちばしが黄色い」などというが、これは、鳥のひなの口元が黄色いことに由来する。この色は親がエサを与える刺激になるといわれ、それゆえ幼さが感じられる部分なのだ。

狸寝入りを英語で言うと？

「狸寝入り」という言葉は、臆病な動物であるタヌキが驚いて気絶する様子に由来するといわれる。気絶といっても人がさわるとすぐに目覚めて逃げるので、人をだますために寝たふりをするというイメージに繋がったのだそうだ。

日本語の「狸寝入り」にあたる言葉を、英語では「fox sleep（狐寝入り）」という。こちらは、キツネが狩りをするときに獲物に関心をもたず眠っているふりをすることに由来するとされる。なぜキツネなのかといえば、西洋にはもともとタヌキが生息していなかったためだろう。タヌキは本来東アジアの一部とロシアの東部のみにいる動物であり、毛皮を目的として移入されるまでは欧州ではみかけない生き物だった。また、ヨーロッパにはずる賢いキツネに関する伝承が多数残っている。そのようなこともあり、他をだます生き物の表現としては「狐寝入り」がふさわしかったものと思われる。

ヤブ医者よりひどい医者のことを何という？

ヤブ医者は、一般に治療能力に欠ける医師を意味するが、そもそもこの「ヤブ」とはどういう意味なのだろう。有力な説のひとつには、呪術で治療を行った野巫（やぶ）によるという話がある。他にも、兵庫県養父（やぶ）市がかつて名医を輩出していた土地であり、そこの医者の弟子を名乗れば客がつきやすかったことから、たいした腕のない医者をしだいにそうよぶようになったという話もある。

ちなみに、**ヤブ医者よりもさらにひどい医者を表す言葉には、「タケノコ医者」がある**。こちらは「ヤブ」を竹の茂る藪に見立て、**藪にすらなっていないタケノコの段階であるとあざける意味で使う**。この言葉は江戸時代中期ごろからみられる表現だ。なお、タケノコ医者の場合、例えたものがタケノコだけに、単に腕が劣る医者というだけでなく、若くて技術が未熟な医師というニュアンスも含まれる。

頭隠して尻隠さずってどんな生き物のこと？

頭隠して尻隠さずとは、悪事などの一部を隠して全体を隠しきったつもりになっていることを表すことわざ。この言葉は、**臆病で尾が長いある生き物の様子に由来する。その生き物とは、日本の国鳥「キジ」である。キジは、敵から逃れるときに草むらに隠れるのだが、そのとき長いしっぽの一部が表に出たままになっていることがある。**この様子を言い表したのが、先のことわざなのだ。このようにキジにまつわる言い回しとしては、「多勢に無勢」もある。これは文字通り味方の多寡を表す言葉だが、その後ろに「キジとタカ」と続けて弱者と強者を強調する。

ちなみに、野菜のアスパラガスの和名は「オランダキジカクシ」だ。名前のとおり、オランダから伝わったキジカクシという植物の仲間である。「キジカクシ」の名は、成長して枝葉が茂るとキジが隠れるほどの背丈になることに由来する。アスパラガス以外にはスズランやヒヤシンスも同科である。

Aはなぜ Aと書く？

現代人が日常的に使うアルファベットは、エジプトあたりで使われていた古シナイ文字を地中海付近に住んでいたフェニキア人が実用化したものだ。長い歴史のなかで洗練され、私たちは何の疑問もなく「A」と書くが、Aはなぜこの形なのだろうか。

Aはもともと「アレフ」と読んだといわれる。**意味は「牛の頭」で、向きを変えればたしかに角のある草食獣の頭にみえる。**そして、なぜAがあらゆる文字の先頭かといえば、それは、**文字をつくった人たちが牛を大切にしていたからだ。**牛は当時主要な財産で、また、彼らが信仰していたバール女神の象徴が牛の頭だった。

ちなみに、Bは家（家または神の家である神殿）を意味するベートに由来する。つまりアルファベットは、AとBの元の読み方「アレフ」と「ベート」が組み合わさり、なまってできた呼称なのだ。

純金はなぜ24金というのか？

たいていの金属は1000分率で数える。たとえば、銀のアクセサリーでよく使われるのはSilver925、プラチナならばPt900、といった具合だ。だが、どういうわけか金は「18金」「24金」などという。いったいなぜだろうか。

これには、昔使われていた単位が関わっている。24分割して表すものといえば、そう、**一日の長さ**だ。実は、24分率は1000分率よりも歴史が古い。古来重要な鉱物とされてきた金は、**1000分率の誕生以前から純度を測られてきたため、いまなお24分率で計算されている**。

このような特殊な数え方には、他にも日本語の「匁（もんめ）」がある。匁は3・75グラムを1とする重さの単位で、ちょうど五円玉1枚分の重量だ。この「匁」は、現在真珠の重さを表す国際単位として使われている。これは、真珠の養殖を世界で初めて実用化したのが日本であり、当時日本で使われていた単位が海を越えて広まったためである。

鳥取の県名は、住んでいた人たちの職業に由来する！

地名には、その土地の歴史や伝説が隠れている。たとえば、青森県は青々とした森が港の目印だったから、三重県は日本武尊（やまとたけるのみこと）がこの地で亡くなるとき、足が三重に曲がるほど疲れたから、といった話がある。

なかでも鳥取県の県名は、職業が元になったといわれる。**昔このあたりには鳥を取って朝廷に献上することを仕事にしていた人たちが住んでいて、県名は彼らを鳥取部（ととりべ）とよんでいたことに由来するのだ。**実は○○部という表し方は他にもあり、たとえば「服部」という名字は「機織りをする人たち」の意であるし、「犬養」はかつて「犬を飼う人たち」だった。

日本の県名には、外国の地名に拠るものもある。「岐阜」という名前は中国の岐山に由来し、理想的君主である周の文王の聖地にちなんで名づけられた。この名前は、諸説あるが禅僧の勧めによって織田信長が選んだものであるとされる。

ビックリマークの形のひみつ！

感情を表すのに便利な「！」という記号は、少なくとも数百年前から使われてきた。その起源は確定していないが、**一説にはラテン語で驚きや喜びを表現する感動詞io（イオー）を縦に書いたものだといわれる。**同様に、「？」という記号にも、ラテン語で疑問を表すquaestioのqがoの上に乗ったものだという説がある。このように、複数の文字をひとつにまとめたものは「合字」とよばれる。日本語でいえば、麻呂を麿と書くのと同じだ。

ところで、記号といえば、計算に使う＋－×÷は何に由来するのだろう。これらについても諸説あるが、＋と－はかつて船乗りたちが樽の中身のうち使ってしまった残りの位置に－と横線を引き、そこに補充をしたときには縦線を加えて＋にしたのが元になったといわれる。また、×は数学者たちがキリストの十字架を斜めにしたものを掛け算の記号とした、÷は分数の形を表している、などの説がある。

桃が流れる音はなぜ「どんぶらこ」？

「どんぶらこ、どんぶらこと流れてきました」といわれれば、現代日本人の多くは桃を連想するだろう。しかし**この言葉はもともと桃に限った話ではなく、物が水流に従って浮きつ沈みつ漂う様を表していた**。たとえば、江戸時代の歌舞伎には「桐の簞笥は笹くれて、浪に漂ひどんぶらこ」（『忠臣蔵年中行事』）という文句がある。こうしてみると、音の響きから物の様子がよく想像できる言葉だ。このように、かつては色々なものが「どんぶらこ」と移動していたわけだが、なぜいつの間にか桃に集約されていったのだろうか。これは筆者の推論だが、昔話や言葉遊びに関する研究では、**似たような内容でも口に出して面白い表現が残る傾向がある**ことが指摘されているので、そのひとつとして『桃太郎』の桃があり、人々に定着したものと思われる。ちなみに、流れつくものに関心をもつ人の集まりである漂着物学会の会報は、その名も『どんぶらこ』という。個人的にたまらなく好きな誌名である。

「幸」という字の成り立ちは、あまりにもシビア！

「しあわせ」という言葉は、もともと「し合わす」が語源といわれる。「し」は「する」の活用形なので、ある動作と別の動作のめぐり合わせがよいこと、または悪いことを表していた。

では、漢字の「幸」はどうだろうか。こちらは実は、**古代の手枷（てかせ）の形をかたどった文字**である。昔の刑罰は過酷で、命を失ったり身体を損傷したりするものが多数あった。それらを考え合わせると、手枷をつけられるだけの状況はかなりマシである。比較対象がひどすぎて感覚がマヒしてくるが、それくらいで済むならばある意味「幸せ」なのである。

一方で、「辛」という字は針または刃物の形を模したものだ。鋭い針や刃物で刺されれば、やはり痛いし「辛い」。そういうわけで、この字は「つらい」こと、また、チクチクした感覚を伴う「からい」ことを意味するようになった。

いちころタイヤってなんだ？
―世にも奇妙な業界用語のヒミツ―

業界用語とは、特定の職業集団内で通じる、外部からは意味がわかりづらい言葉のことだ。寿司屋のむらさき（醤油の意）、法曹系のいそべん（居候弁護士。他人の弁護士事務所に雇われている弁護士のこと）などは、聞いたことがある方もいるかもしれない。

さて、**表題にある「いちころタイヤ」とは、自動車業界で新車を納めるときに使った車輪、つまり一度しか転がしていないタイヤを意味する。**また、競馬の世界で「銀行レース」といえば、一番人気の馬が順当に勝ったレースのことだ。展開の手堅さや配当の低さを、銀行やその利子に例えていう。証券会社で「餅つき相場」というと、餅つきで使う杵のように、年末の相場が上下に荒い値動きをすることだ。なお、筆者のいるクイズ業界には、「ピンブー」という言葉がある。これは、クイズ番組でよく聞く正解・不正解の音にちなむもので、正誤判定をすること、またその役割を担う人をさす。

タクシー業界用語

オバケ
200km先まで
お願いします
TAXI
めったに出会わない
長距離客をこうよぶ。
ゾンビ
タクシーをつかま
えたいお客さんで
あふれている状態。
ちょっと怖い。
ネギ
TAXI
この車内
せまい！
苦情のこと。「九条ネギ」
からの連想。

言葉・文字の教養クイズ！

正解と思うものを選んでください。

QUIZ 1

「とんちんかん」とは、もともとどんな職種に由来する言葉？

A. 貿易商　B. 翻訳家　C. 鍛冶屋

QUIZ 2

次のうち、音読みの漢字はどれ？

A. 米（こめ）　B. 豆（まめ）　C. 肉（にく）

QUIZ 3

「サボる」というときの「サボ」とは、本来何のこと？

A. 農具　B. 木靴　C. 帽子

QUIZ 4

次のうち、実は略語なのはどれ？

A．体育館　B．教科書　C．始業式

QUIZ 5

「貫禄がある」とはもともとどんな人を指していた？

A．財力がある　B．太っている　C．年を取っている

QUIZ 6

巨大な国土に反して、「村」という意味の言葉から名づけられた国は？

A．ロシア　B．カナダ　C．ブラジル

QUIZ 7

英語で「ブタが飛ぶとき（When pigs fly）」といえばどんなときを表す？

A．調子に乗る　B．大慌て　C．ありえない

答え

QUIZ 1 正解C

鍛冶屋で槌を打ち合わすとき（これがいわゆる「相槌」の語源）、リズムが合わず音が揃わない様子から。

QUIZ 2 正解C

「にく」は中国由来の音読みで、この字の訓読みは「しし」。そのためイノシシは本来「猪の肉」の意。

QUIZ 3 正解B

ヨーロッパの農民が横暴な領主に対抗して木靴（サボ）で収穫物を台無しにしたことに由来。

QUIZ 4 正解B

教科書は「教科用図書」の略。他にも、経済は「経世済民」の略である。

QUIZ 5 正解A

「貫」は米の収穫高を表す言葉、「禄」は仕える人からもらう給料。よってもともと財力を表していた。

QUIZ 6 正解B

現地の言葉で村や住居を意味する「カナタ」に由来。「村」といいつつロシアに次いで世界で2番目に国土が広い。

QUIZ 7 正解C

ブタが飛ぶのは不可能という発想から、「ありえない」「まさか」の意を表す。

CHAPTER

7

食の超雑学

たこさんウインナーは、箸で掴みやすくするために開発された！

お弁当のおかずの定番・ウインナー。なかでも足がくるんと反り返ったたこさんウインナーは、元祖キャラ弁ともいえる存在だ。

ウインナーが日本の家庭で食べられるようになったのは、昭和30年代だといわれる。考案者は料理研究家の尚道子。ＮＨＫの番組『きょうの料理』の講師として人気を博した人物だ。

さて、ウインナーが日本に広まったところ、ひとつ問題があった。それは、表面がつるんとしたウインナーは「箸で食べづらい」ということだった。尚氏は、**これを解消するためにウインナーに切れ込みを入れることを思いついた。そして、切れ込みを入れたウインナーがくるんと反り返ることに気づき、タコの形にしたところ大ヒットした**。

このように、たこさんウインナーは実用と見た目を兼ね備えた技術として、すっかり日本に定着した。おかずひとつにも、こんな歴史が隠されている。

ごはんとライスは炊き方が違う！

ごはんとライスは、和食か洋食かという提供環境の差だけでなく、炊き方にも違いがある。**ごはんは鍋に米と水を入れて火にかけ、水がなくなったら炊き上がりだ。**水分とでんぷんをしっかり含んでいるので粘り気が強く、箸で食べるのに向く。一方で、**ライスは米と水を火にかけるところまでは同じだが、途中で水を捨てて蒸したり、水を捨てた後新たに水を入れて炊いたりする。**これにより、水分やでんぷんが少なくなるので、パラリとした仕上がりで洋食や手食文化と相性が良い。

ちなみに、「ごはん」は漢語の「飯（はん）」を上品にするために「ご」をつけたもの、「めし」は「食べる」の尊敬語である「召す」が名詞化したものとされる。また、両者の違いを温かいか冷たいかの差とみる向きもあるが、それは文献に乏しいため支持しがたい。なお、ごはん・めし以前は「飯（いい）」とよんでいた。いまでも飯田という名字などにその名残がある。

刺身が真っ青な魚は、「青身魚」なのか？

ご存じの方もいるかもしれないが、独特の朱色が美しいサケは白身魚だ。サケはよく小さな甲殻類を食べるので、その色が身に移ってあのサーモンピンクが完成する。同様の仕組みは、フラミンゴでもみられる。フラミンゴの羽は本来白いのだが、食べ物の色によって美しいピンクに染まる。

また、世の中には刺身が真っ青な魚もいる。日本にも生息するアナハゼという魚は、ビリベルジンという胆汁色素の作用で身が青い。この色素は他の魚でもみられ、新鮮なサンマを焼くとなぜか骨が青いことがあるのもこれのせいだ。では、アナハゼは何身魚にあたるのだろうか。赤身、白身、はたまた青身……？　答えは、白身だ。**白い身が胆汁色素の都合で染まっている**と考えれば、正解にたどり着きやすい。なお、よく青身魚ならぬ「青魚」という言葉を耳にするが、あれは身の色の問題でなく、不飽和脂肪酸を多く含んで背中が青く見えることに由来する。

日本で一番食中毒を起こしている植物は、ジャガイモ！

身のまわりの植物には、毒をもつものが多数ある。ニラとスイセンの葉を間違えて食べた、スズランを生けていた水を誤って飲んで心不全が起きた、といった例が報告されているが、それらを抜いて日本一食中毒の患者数が多い植物は、なにを隠そうジャガイモである。

ジャガイモには、ソラニンやチャコニンという毒素が含まれることがある。これは、イモの部分にためた栄養を外敵に食べられないようにするためだともいわれている。**数ある有毒植物のなかでもジャガイモが1位なのは、給食によく使われるからだ。**実際、厚生労働省による2013～2022年のデータを見てみると、個人レベルでの消費が想像されるスイセンでは65件216人の患者が発生しているのに対し、ジャガイモでは事件数は17件なのに患者数は313人にのぼる。きれいなバラには棘があるというが、食卓の強い味方にもまた、毒があるのである。

ハムはもともと肉の部位の名前！

保存食として便利なハム。この**「ハム」とは、もともとブタのもものことだ。**運動をする方は、太ももの周辺にある大きな筋肉を「ハムストリングス」とよぶことをご存じかもしれない。

ハムに「もも」という意味があるだけあって、あの「ハム」と同じ意味である。**ヨーロッパではいまでも伝統的にハムはもも肉で作られるのが一般的だという。これに対し、ブタのおなか側の肉を使うのはアメリカ式で、その文化が持ち込まれた日本でも色々な部位でハムが作られる。**

ところで、ハムとよく似た使われ方をする「ベーコン」とは、いったい何なのだろうか。実はこちらはブタの「バラ肉」の意で、その名のとおりバラ肉を使って作られるのが一般的である。両者は製法もよく似ており、肉を塩漬け・燻製したものだが、ベーコンの工程はここまでである一方、ハムはゆでたり蒸したりして仕上げることが多いという違いがある。

ブタ肉と牛肉の雑学

ロースは「ロースト（焼く）」からついた和製英語。
焼くとおいしいところから。

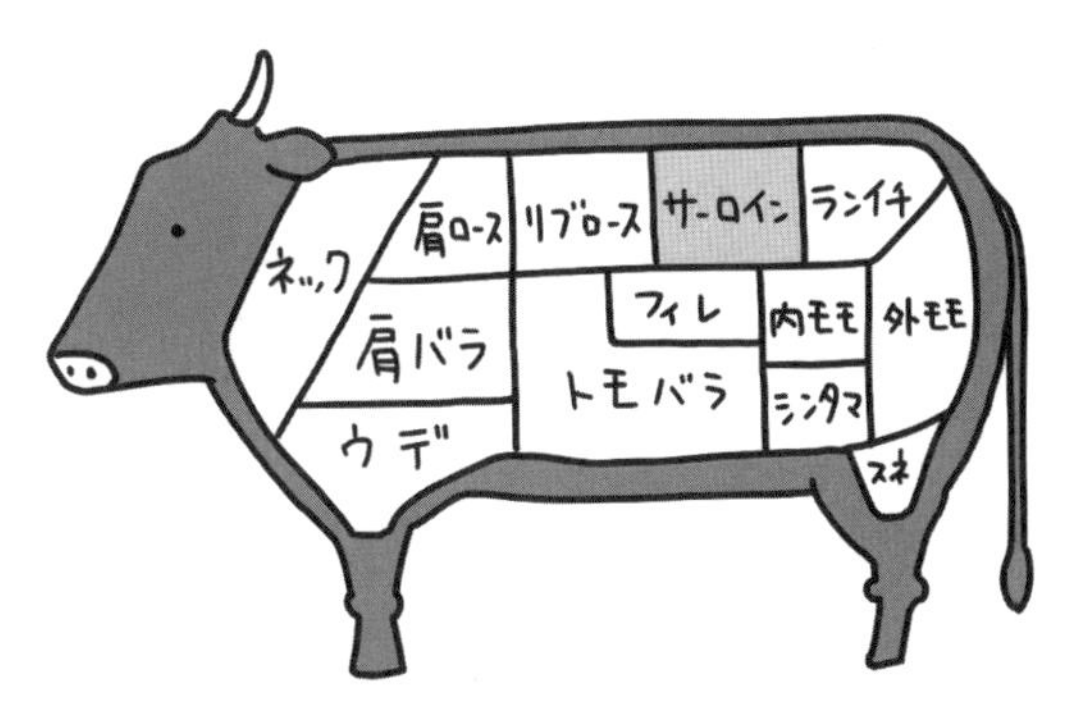

サーロインはイギリス王が牛のロイン（腰肉）が
おいしすぎてサー(ナイト）の称号を与えたこと
に由来するという俗説がある。

チャップリンは、来日したとき「天ぷら男」とよばれていた！

喜劇王チャールズ・チャップリンは、1932年に来日したことがある。日本の各界著名人と交流し、観光などを楽しんだが、このとき思いがけない好物に出会ってしまった。その食べ物とは、天ぷらである。**チャップリンはエビの天ぷらがいたく気に入り、一度に30尾以上もたいらげた。**この情報は新聞社にキャッチされ、いまでは考えられないことだが「**天ぷら男**」などと書きたてられた。

偉人の好物には、なにかと興味を惹かれるものがある。たとえば、小説家の森鷗外はごはんの上にまんじゅうをのせ、お茶漬けにして食べるのが好きだった。甘党ならば夏目漱石も負けてはいない。イチゴジャムにハマって一か月で8缶も食べたといわれる。また、作曲家ベートーヴェンの好物はマカロニチーズだったが、ある朝この料理の味に不満があったせいで、そのとき描かれていた肖像画がしかめ面になってしまった、という説さえある。

ヱビスビールはもともと大黒ビールだった！

特徴あるCMソングでもおなじみのヱビスビールは、明治時代にビールの将来性に注目した資本家たちによって設立された。初代の醸造所は東京都の三田に設けられ、ドイツ製の器具を使ってビールを造りはじめた。

ヱビスビールが発売されたのは1890年のことだ。ただし**当初予定されていた名前は「大黒ビール」だった**。いざ売り出そうというときになって「大黒ビール」がすでに商標登録されていることに気づき、**急遽大黒と同じ七福神の「恵比寿」に変更したのだ**。そして、「恵比寿」の名で同年の内国勧業博覧会に出品し、好評を得たことから定着していった。

なお、日本酒の菊正宗は、本来「正宗」という名だった。これは正宗の音読み「セイシュウ」が「清酒」に通じるからだといわれるが、人気すぎて各地に同名の酒があったため、商標登録することができなかった。そこで、日本の代表的な花のひとつ「菊」を添えて、現在の名前に落ち着いたという。

白濁系とんこつラーメンは、料理人のうっかりから生まれた！

とんこつラーメンは、昭和初期に福岡県久留米市で生まれた。当時東京ではラーメンが流行っており、そこでラーメンを学んだ「南京千両」という屋台の店主が、しょうゆラーメンと長崎ちゃんぽんのとんこつスープを合わせて新しい麺を生み出した。この食べ物はたちまち人気を集め、多くの店が追随した。そんな店のひとつ「三九」では、ある日店主が**スープを作りながら知り合いと話し込んでしまい、気づいたときには白く濁っていた。捨てる前にひと口飲んだところ思いがけずおいしく、客に出したら大評判**。これが、こんにちの白濁系とんこつラーメンの起こりである。

偶然で生まれた料理は他にもある。たとえば、チョコチップクッキーはチョコクッキーを作るつもりでチョコが溶け切らずに生まれ、ポテトチップスはフライドポテトが厚すぎるという客の苦情に対し、料理人が嫌がらせのつもりで薄っぺらくしたところおいしくなってしまったものだ。

私たちは、根でも茎でもない部分を大根として食べている！

大根はその名のとおり代表的な根菜で、一般には「根を食べている」と認識されている。たしかに**白い箇所の大部分は根なのだが、上の方のやや緑がかった部分は、実は根でも茎でもない。**

この部分は、**植物学的には「胚軸(はいじく)」とよばれる。**胚軸とは、植物の種の中で芽になるところと根になるところを繋いでいた部分のことだ。このとき、茎は芽になるところから成長するため、胚軸は茎とも異なる。実際、大根を収穫してみると、下の方（根）からは小さな側根(そっこん)が生えているのに対し、上の方（胚軸）にはそれがない。

ちなみに、かいわれ大根は立派に大根の仲間で、育てると小さな大根ができる。また、大根は実は白色ではない。本来透明なのだが、光が乱反射して白く見えているもので、ホッキョクグマの透明な毛が人の目には白く見えるのと同様の原理である。

インドネシアの食卓には、マサコ、サオリ、マユミが欠かせない！

「sushi（寿司）」や「manga（漫画）」など、日本語のなかには近年海外でそのまま通じる単語が増えてきた。そういった言葉のなかには、日本の人名に由来するものもある。

たとえば、**インドネシアでは、Masakoという調味料が人気だ。**日本の企業・味の素が開発した商品で、現地の調味料市場では60％以上のシェアを誇っている。**名前の由来は、インドネシア語で料理を意味するMasakと、日本語らしさを組み合わせたものだ。**他にも同社からは、Saori（照り焼きソースやオイスターソースなどの液体調味料）やMayumi（マヨネーズ）も発売されており、インドネシアの食卓の彩りに一役買っている。

なお、食事関連で世界に広がった言葉としては、「マルちゃん」もある。言わずと知れた東洋水産の商品で、遠くメキシコで大ヒットしたことから、「すぐできる」「簡単にできる」の意味で現地語化した。

フライドチキンは元奴隷料理！

フライドチキンはアメリカ発祥の料理で、日本でもすっかりおなじみの感がある。

新大陸では、長らくアフリカ系の奴隷たちが使役された。彼らは主人の食事の世話もするわけだが、富裕層は肉の厚い部分を食べ、骨が目立つ手羽や首・足先などには手をつけなかった。そこで奴隷たちは、**捨てられる部分をおいしく口にできる方法を考案した。油でしっかり揚げ、多少の骨ならそのまま食べられるようにすることで、栄養と重労働に必要なカロリーを確保したのだ。**

ところで、フライドチキンと唐揚げは別の料理だ。例外はあるものの、一般にフライドチキンは衣に味をつけ、唐揚げは肉に味をつけるといわれる。なお、唐揚げはもともと鶏料理でなく、豆腐を使った精進料理だ。戦後、食糧増産のために養鶏場を増やした結果、しだいに材料が変わっていったのだそうだ。

白米はなぜ端が欠けているのか？

白米といえば、日本の食卓に欠かせない食べ物だ。おなじみの食材であるが、粒の端が欠けている理由はなぜか、ご存じだろうか。

結論からいえば、あれは**イネの実から胚芽とよばれる芽になる箇所を取り、口当たりをよくした結果である。**普段食べている部分は胚乳とよばれ、芽が出るときの養分として蓄えられたものだ。ただし近年では、栄養を余すところなく摂取できるよう、あえて胚芽を残した「胚芽米」なども存在する。

米の食べ方といえば、洋食を食べるとき、年配の人はなぜ米をフォークの背に載せるのだろう。これは、明治時代に西洋のテーブルマナーを学ぼうとした際、当時関係の深かったイギリスに倣ったためだ。もうひとつの食べ方としては、米をフォークの腹に載せる方法がある。これはフランス式で、国際的にもこちらの方が優勢だが、どちらも誤りというわけではないので好きに食べてかまわない。

イタリアでは「暗殺者のパスタ」が人気！

パスタ料理のネーミングには、面白いものが多い。黒コショウを炭に見立ててカルボナーラ（炭焼き職人風）、魚介類を使えばペスカトーレ（漁師風）という具合だ。この手の料理のなかで近年特に話題なのは、「暗殺者のパスタ」だ。もともとはイタリアのプーリア地方のご当地料理で、他の地域でも人気になった結果、日本に伝わってきたレシピである。

「暗殺者のパスタ」は、フライパンにトマトソースを入れ、パスタを乾麺のまま投入、焦げ目をつけながら炒めて作る。一般的なパスタとは違い、水でなくトマトの汁で麺を茹でるので、おこげつきの濃厚な風味に仕上がるのが特徴だ。なお、この料理名の由来にはいくつか説がある。血のような色になるから、思いきり入れた唐辛子が辛すぎて料理人が「殺す気か！」と言われたから、熱したフライパンで麺を炒める様が情け容赦のない殺し屋のようだから、など様々だが、気の利いた名前でどこか記憶に残りやすい一品だ。

日本気象協会は、ビールがおいしい日の予報を出していた！

天気予報は、その日の気温や風向・風速など、生活に役立つ情報を教えてくれる。とりわけ「**洗濯指数**」は、洗濯をするかしないか、外に干すか否かの判断材料にしている人も多いだろう。

日本気象協会が出すこれらの情報には、やや耳慣れないものもある。蚊対策の必要性を表す「**蚊ケア指数**」、温度や湿度の都合でどれだけビールをおいしく感じやすいかを表す「**ビール指数**」、同じく「**アイス指数**」、冬場には「**鍋もの指数**」や「**うるおい指数**」まで発表している。これらの指数は、家庭生活に役立つだけでなく、店の品出しや発注の参考にもなる。

なお、このような科学的分析より前から、人々は観天望気とよばれる方法で天気を予測してきた。たとえば、「ツバメが低く飛ぶと雨」がこの類で、かつては経験則であったが、現在は雨の前の湿気でツバメが食べる昆虫が低く飛ぶため、ツバメも低い位置にいるのだということがわかっている。

新潟では、スキーのリフトで米を干す！

日本屈指のお米の名産地・新潟県南魚沼市。「魚沼産コシヒカリ」といえばおいしいお米の代名詞として知られる。

お米は、収穫した後水分を飛ばして長持ちさせるために干すのだが、南魚沼の石打丸山スキー場では、リフトを使ってこの作業をする。これはもともと、シーズンオフに稼働していなかったリフトを活用しようということで生まれたアイデアだ。こうして天日干しされたお米は「天空米」というブランド米になる（5キロで1万円くらいの値がつく）。独特のよい香りがあり、贈答用などに使われるのだそうだ。

そういえば、南魚沼市が属する「新潟」は、なぜ「新潟」とよばれるのだろうか。これは、新潟には現地の人々が潟（かた）とよぶ沼地が点在しており、信濃川と阿賀野川の河口あたりに新しい潟ができたことから県名をつけたためだといわれる。

辛い食べ物はなぜ病みつきになるのか？

キムチや麻婆豆腐といった辛いものは、なぜ人気なのか。近年では、激辛メニューを専門とするフェアも開催されるなど、ますます辛みファンが増えている印象がある。

辛い食べ物が病みつきになるのには、科学的な根拠がある。**辛いもの、特にカプサイシンが体に入ると、人体は43度以上の熱が発生したと勘違いする。**43度というと、体を構成するたんぱく質が固まる温度より高い（たんぱく質は42度で固まりはじめる。それゆえ昔ながらの水銀体温計にはこの温度以上の目盛がない）。これほどの熱は、人体にとっては異常事態だ。そのため、**苦痛を和らげ危険から身を守ろうと、脳内麻薬や興奮ホルモンを出しはじめる。**結果としてこれが快感につながり、辛いものを食べたい気持ちにさせるのである。ただし、食べすぎは禁物だ。これらの物質は分泌され続けると効きが悪くなる。手軽に気分転換をしたいなら、たまのご褒美にするのがよいだろう。

タイ焼きは、もともと亀焼きだった！

有名な和菓子であるタイ焼きには、俗に「天然」「養殖」とよばれるものがある。天然はひとつの金型でタイ1匹を焼いたもの、養殖は連結された金型で複数を一気に焼いたものだ。

タイ焼きがなぜタイの姿をしているのかは、めでたさがウケたからだといわれるが、現在のようなタイの形に落ち着く前には、紆余曲折あった。

このお菓子は、基本的に今川焼きから派生したものだといわれる。明治時代、金型の技術が発達すると、**タイと同様縁起の良い生き物であるカメを模したお菓子が作られるようになった**。これは「亀焼き」「亀の子焼き」などとよばれ、東京などで売られていたのだが、ヒットには至らなかった。ところがこれをめでたい**タイの形にすると、突然売れ始めた**。こうして各地にタイ焼きを扱う店ができていったという。なお、現在でも、東京都内には亀焼きを取り扱う店が存在する。いまとなっては貴重な味である。

みたらしならぬ「にたらし団子」もある！

みたらし団子は、一般に京都の下鴨神社発祥といわれる。同地にある御手洗池で、後醍醐天皇が手を清めようとしたときに浮いてきた数個の水の泡に見立てて作られたのがはじまりだということだ。

みたらし団子とよく似た名前をもつ団子に、「にたらし団子」がある。**主に福井県で食べられているお菓子で、みたらしが醤油ベースの餡であるのに対し、こちらは黒砂糖ベースである。**

また、熊本には「いきなり団子」という郷土料理がある。これは小麦粉で作った生地に輪切りのさつまいもと餡を包んだもので、現地の方言で「手軽」という意味のある「いきなり」と、突然人が来ても用意できるというイメージが重なってこうよばれるようになったという。なお、いきなり団子があれば「ふたたび団子」もある。こちらは宮崎県のもので、生地をこねた後にヨモギの芽を入れ、再び生地をつくことからこの名がある。

蚊で作るハンバーグがある！

ハンバーグは、かつてタタール人が食べていた生肉の料理が、ドイツのハンブルクで焼かれるようになったのが原点だといわれる。日本でもおなじみの料理で、子どもの好きな食べ物ランキングではしばしば上位にくる。

ところで、**アフリカのビクトリア湖周辺には、動物の肉でなく蚊を材料にしたハンバーグ状の食べ物がある。**このあたりでは、血を吸わない種類ながら大量の蚊が発生するため、人々は水で濡らした鍋を振り回し、そこに蚊を貼り付けて集める。そして、集まったものをハンバーグ状に丸め、鉄板で焼けば完成だ。

なお、この蚊の仲間は日本にもいる。日本の蚊を実際に集めてハンバーグを作った人によると、やや苦いものの、サクサクとしておいしいらしい。栄養価も高く、たんぱく質が多く含まれるので、衛生状態さえ問題なければある種次世代の食べ物になるかもしれない。

インドでは牛を使った「悪魔のカレー」が人気！

インドではヒンドゥー教の影響で牛を食べない——これはよくある勘違いで、**実はインドは世界最大級の牛肉輸出国だ**。人口の多いインドには、そもそも牛を神聖視しない非ヒンドゥー教徒が2億人もいる。それに加えて、ヒンドゥー教徒のなかにはある条件下でなら牛を食べる人もいる。

ヒンドゥー教で神の使いとされるのは、白いコブウシだ。これに対し、**黒い水牛はその角の形状などから悪魔の化身とみなされているので、特段神聖視されていない**。……もうおわかりだろう。**インドで食べられる「悪魔のカレー」とは、水牛を使ったそれのことだ**。

なお、日本ではインドカレーにナンを合わせがちだが、現地の人はあまりナンを食べない。ナンはもともと北インドの宮廷料理で、大釜や精白した小麦粉、発酵の手間が要る。地元民によりなじみがあるのは、全粒粉を使った無発酵パン・チャパティだ。こちらはフライパンで簡単に作ることができる。

サンドウィッチもカーディガンも伯爵が発明した！

前開きのセーターのような羽織物・カーディガンは、もともと軍事用に発明された。19世紀のクリミア戦争の際、**怪我をした兵士は上からかぶるタイプのセーターを着づらかったことから、イギリス陸軍に所属していたカーディガン伯爵が負傷者でも身に着けやすい上着として開発した。**

イギリスの伯爵に由来するものは他にもある。**サンドウィッチ伯爵がカード賭博の際に片手で食べられる食事を求めたことからサンドウィッチが生まれ、同国首相も務めたグレイ伯爵が気に入っていたフレーバーティーがアールグレイだ。**ちなみに、サンドウィッチ伯爵の子孫は現役のサンドウィッチ屋であり、アールグレイの「アール」はそのまま「伯爵」という意味である。

なお、ジャガイモには男爵イモがあるが、それより上等という意味を込めてより上位の貴族である「伯爵」の名でよばれる種類がある。これは北海道などで栽培されており、癖の少ないあっさりとした味が特徴だ。

ピザハットは宇宙にだって宅配する！

ピザハットは世界最大の宅配ピザチェーンだ。1958年にアメリカのカーニー兄弟が創業し、いまでは世界100か国以上に1万8000以上の店舗がある。

2001年、ピザハットは人類史上初の試みを行った。地球を飛び出して、まさかの国際宇宙ステーションにピザの宅配を行ったのだ。 さすがに温かい状態で届けるのは無理があるため、ピザは現地に到着した後オーブンで熱々にして提供された。宇宙では味覚がやや鈍るので、塩味は地球用のものより強めであった。また、地球外に持っていくには保存性が重要である。そこで、トッピングは地球で一番人気のペパロニ（辛いサラミ）でなく、より日持ちする通常のサラミに切り替えられた。なお、このときの動画が残っているのだが、空飛ぶ円盤のように漂うピザを宇宙飛行士が楽しげに食べる様は、なんともいえずシュールであった。

食べられる世界遺産がある！

世界遺産は、地球や人類の歴史とともに生み出され、引き継がれていくべき遺産として制定されている。１９６０年代にダムに沈みそうになったエジプトの遺跡を移築保存したことに端を発し、日本からも富士山や京都の社寺、厳島神社などが登録されている。

各国には様々な世界遺産があるが、ポーランドのヴィエリチカ岩塩坑はとりわけ興味深い。ここは13世紀ごろから使われている洞窟で、**かつて金と同等の価値があったとされる岩塩が採掘できた**ことから、ポーランド王国の経済をおおいに支えた場所だ。**洞窟の内部には、岩塩でできた彫像やレリーフ、礼拝堂まである。壁の岩塩は舐めることができ、土産に買うことも可能であるため、いわば食べられる世界遺産ともいえる。**

ちなみに、ハンガリーには国宝のマンガリッツァ豚がいる。かつて絶滅の危機に瀕したことから国を挙げて保護・生産される「食べられる国宝」だ。

食の教養クイズ！

正解と思うものを選んでください。

QUIZ 1

英語で「サツマ」というと、どんな食べ物のこと？

A.ミカン　B.ワサビ　C.ホタテ

QUIZ 2

お菓子のグミは、もともと何のために開発された？

A.好き嫌いをなくす　B.噛む力を鍛える　C.集中力を増す

QUIZ 3

野菜のキュウリ。普段は未熟な緑色の状態で食べるが、熟すと何色になる？

A.黄色　B.赤色　C.紫色

QUIZ 4

次のうち、日本生まれの飲み物はどれ？

A.りんごジュース　B.ジンジャーエール　C.アイスコーヒー

QUIZ 5

次のうち、実際にあるクジラの身の部位は？

A.おばけ　B.ゆうれい　C.どらきゅら

QUIZ 6

キャラメルが日本で広まり始めたころに提唱されていた、ある以外な使い道とは？

A.禁煙用　B.食べ過ぎ防止用　C.口臭予防用

QUIZ 7

次のうち、第二次世界大戦中に日本で造ることが奨励されたお酒は？

A.ビール　B.ウォッカ　C.ワイン

答え

QUIZ 1 正解A
かつて薩摩（鹿児島）のミカンがアメリカに持ち込まれ、もとの産地にちなんでよばれるようになった。

QUIZ 2 正解B
グミはドイツ語で「噛む」または「ゴム」の意。子どもたちが歯の病気にかからないよう、ドイツのハリボー社が発売した。

QUIZ 3 正解A
黄色くなることから、「黄瓜」がなまって現在の名前になったという説もある。

QUIZ 4 正解C
夏を涼しく過ごすための日本人の知恵。ちなみに、インスタントコーヒーも日本人の発明。

QUIZ 5 正解A
漢字で書くと「尾羽毛」。クジラのしっぽの部分で、コリコリとした食感が特徴。酢味噌などをつけて食べる。

QUIZ 6 正解A
森永のミルクキャラメルに関する逸話。大正時代、禁煙に役立つ大人のための高級なお菓子としてブランディングしていた。

QUIZ 7 正解C
ワインに含まれる成分をレーダー等に利用できたため、酒類が厳しく取り締まられた当時でもワインは大増産された。

CHAPTER

8

生活の超雑学

飛行機の中は、なぜあんなに乾燥しているのか？

飛行機の中は、とにかく乾燥している。乾きのあまり突然咳がひどくなったり、コンタクトレンズがパリパリになったりすることもよくある。とはいえあの厄介な乾燥には、ちゃんと理由がある。**機内の機器の結露や錆びつきを防ぎ、故障しないようにするため、あえて空気を乾燥させているのだ。**

飛行機特有の環境は、食卓でなじみ深い野菜の発達にも関わった。かつて、機内食としてサラダを出す際、一般サイズのトマトを切って入れると、その水分で他の食材が傷んでしまった。そこで、彩りはそのままに、切らずに提供できるよう改良が進められたのがミニトマトである。

なお、近年は航空自衛隊のブルーインパルスが人気だが、あの曲芸飛行、たとえば宙返りは、（見栄えは別として）やろうと思えば旅客機やヘリコプターでも可能だ。ただし、普段の用途と安全面への配慮から、特別な場合を除きめったに実行されることはない。

船と飛行機の雑学

船は昔、舵を取るための板が右舷側船尾についていた。
そのため、舵のない左舷に接岸する習慣が残った。
いまは状況により右舷でも接岸する。

飛行機の機体左側から乗降するのは船の時代の名残。
「空港」という表現や、機長を「キャプテン」、乗務員を
「クルー」と呼ぶのも、船から持ち込まれたもの。

非常口の誘導灯の色が緑なのには理由があった！

非常口のあのデザインは、日本人が考案したものだ。1979年、消防庁の公募に全国から3000点あまりの応募があり、その入選作をもとにサインデザイナーの太田幸夫氏が制作、世界に提案した。

ところで、非常口の誘導灯が緑色なのはなぜだろうか。答えを知らなくても、図工の授業を思い出すと理由が想像しやすい。**あの誘導灯が緑なのは、火事などの際、赤い火のなかで真逆の色にあたる緑が目立つからだ。**

緑といえば、病院の手術着がしばしば緑なのはなぜだろう。これにはいくつか理由がある。ひとつは、緑の布に赤い血が飛ぶと、真逆の色を混ぜたことになるため無彩色（黒や灰色）に近くなり、生々しさを軽減できるためだ。もうひとつは、血などの赤いものをずっと見ていると、目がバランスをとろうとして緑の残像を作り出すことに関係する。この残像は視界の邪魔になるため、多少なりとも軽減できるよう、手術着は緑にしているのである。

地下鉄の入り口にある路線のマークは、左から順にその改札口が近い！

東京の地下鉄駅のようにたくさんの路線が乗り入れる場所では、どの入り口から入ればどの路線に近いのか、迷うことが多々ある。そんなときに便利なのが、入り口のマークの並び順からおよその位置関係を把握する方法だ。**日本の多くの地下鉄では、出入り口に表示されている路線のマークのうち、左側にあるものほど改札口が近い。**ただし例外もあり、路線の完成より通路の整備が遅かった場所や、複数の鉄道会社が乗り入れる駅ではその出入り口を管理する会社の表示が優先されることがある。

ところで、地下鉄といえばあのなんともいえない強風が名物だが、あの風は電車が駅に入ってくるときに線路上の空気を押し出したり、逆に駅から出ていくときに電車があった場所が急に空いてしまったりすることで発生する。このとき、狭い通路では空気の逃げ道が少ないので風が強くなる。逆に、比較的広い通路を選んで歩けば、髪や服が乱れる強風から身を守りやすい。

世界最古の自販機で売られていたのは聖水！

日本は、人口あたりの自動販売機の数が世界で一番多い国だ。設置数自体も世界2位で、1位のアメリカの国土が日本の25倍もあることを考えると、かなりの密度で置かれているようだ。

日本に自動販売機が多い理由としては、治安がよく自動販売機が壊されにくいこと、残業する人が多いためいつでも商品が手に入れられる環境が好まれることなどが指摘されている。

このような自販機文化の源流はどこにあったのか。人類史上最古の自販機は、古代エジプトの神殿のものであったといわれ、**機械にコインを入れると、その重さで聖水が出てくるというシステムだった**。ちなみに、日本最古の自販機は切手やはがきなど郵便用品を売るものであり、近年は金塊や結婚指輪を売るものまである。果ては、シンガポールに高級自動車を売るための巨大自販機まであるというから、そのバリエーションには目を見張らされる。

タンポポでも花粉症になる!

毎年春や秋に多発する花粉症。原因として有名なのは、スギやヒノキ、ブタクサなどの花粉だが、なかには「この植物が?」と思うようなものでも花粉症になりうる。

とりわけ珍しいのは、タンポポの花粉症だ。**きちんとアレルギーテストの項目にもなっている**のだが、ほとんど知られていない。実は**タンポポはブタクサと同じキク科であり、同科ではコスモスやヒマワリの花粉症も報告されている**。また、イネ花粉が苦手な人は同科のムギに反応することもある。

花粉症は、基本的に大量の花粉を風で飛ばすことで受粉する風媒花で起こりやすい。タンポポのように虫が花粉を運ぶ虫媒花では稀なのだが、閉鎖空間で大量の花にふれたり、花粉を吸いこんだりすると体の許容量を超え、発症することもある。イチゴの花での報告例すらあるので、もはや避けようがない気もする。目を楽しませてくれる花にも思わぬ危険があるようだ。

子どもの名前が決められなかった場合、出生届の名前は空欄のまま出せる！

日本では、人が生まれると14日以内に出生届を出さなければならない。そこには赤ちゃんの氏名を書く欄もあるのだが、もし命名を迷いに迷って14日を超えそうになったときはどうすればいいのか。その場合、**なんと名前を空欄にして出せる。そして、後日「追完届（ついかんとどけ）」という書類で氏名を届け出れば問題ない**。この「追完届」は先に出した届出の不備をなおすためのもので、赤ちゃんの氏名以外には、複数の国の国籍を選べる場合に判断を一時棚上げにし、後日確定するときなどに使われる。

ところで、名前は後出しでもかまわないという一見のんびりした面がある出生届だが、その受付自体は24時間365日行われている。婚姻届や死亡届も同様だ。このように、戸籍に関する届け出はいつでも受け付けてもらえる場合が多い。これは、戸籍の状態は相続に直結するため、出したいときに出せないと不利益を被る人が発生する可能性があるからだ。

琵琶湖は広すぎて、なかにある有人島が離島認定されている！

離島というと海のイメージだが、定義的には湖のなかにも存在しうる。実際、**日本には唯一湖に浮かぶ離島があり、その名も「沖島」という**。沖島は、近江八幡市の沖合約1・5キロメートルに位置する。琵琶湖にある4つの島のうち最も大きく、およそ250人が住んでいる。東京ディズニーランド3つ分くらいの広さなので、陸地は徒歩移動か自転車で、自動車は使わない。一方で、一家に一艘以上舟を所有しているという。

沖島のように比較的陸地に近い離島もあれば、人里からあまりに遠い島もある。ギネス世界記録で「世界一孤立した有人島」に認定されているトリスタンダクーニャ島（イギリス領）は、人が定住している一番近い陸地まで2429キロメートル離れている。この「一番近い陸地」とは、ナポレオン最後の地として知られるセントヘレナ島だ。アフリカ大陸から1840キロメートル地点にあり、元皇帝がいかに孤立した場所に流されたかがしのばれる。

お金として流通しかけた陶器がある！

日本の紙幣や硬貨の製造技術は、世界でも指折りの精度である。このことから、実は外国の通貨の製造を頼まれることもあり、これまでにバングラデシュの一般流通貨幣（2タカ）やジョージアの一般流通貨幣（20テトリ）など、いくつかの国の通貨製造を代行してきた。

紙のお札や金属の硬貨以外にも、世界には様々な通貨がある。たとえば、ミクロネシアのヤップ島は、巨大な石のお金で有名だ。中国では早くから貝が貨幣として使われ、その後、農具や刀の形をした青銅貨に変わっている。そして日本では、**第二次世界大戦中の金属不足時に、なんと粘土を焼いて陶器の硬貨が作られた。しかしその後終戦となり、幻のお金となった。**

地球から飛び出して、宇宙で使うために作られたお金もある。イギリスで開発されたＱＵＩＤとよばれるお金で、無重力でも損傷を受けにくい楕円形、かつ壊れにくいテフロン製だ。

座布団は、置く向きが決まっている！

座布団は、和室でのおもてなしには欠かせないアイテムだ。おもてなしに粗相は避けたいものだが、多くの現代人は座布団に向きがあることを知らない。製法にもよるが、**座布団をよく見ると、たいてい一辺だけ縫い目がない箇所がある。この、最も見栄えがよい一辺が「前」である**。そして、実は縦横も決まっており、やや長い辺が縦になるようにする。これは、正座をするとたいていは横より縦に幅が必要になるためだ。

また、前後があれば表裏もある。真ん中に房やしめ糸がある面が表だ。しめ糸は大きく分けると関東型と関西型があり、しめ糸が「×（かける）」や「＋（プラス）」の形をしていれば関東、「人（ひと）」や「Y（ワイ）」の形をしていれば関西という傾向がある。ただし、最近はしめ糸がない場合もある。

この前後や表裏は、丁寧なサービスを心掛けている旅館などでは従業員の教育にしっかり活かされ、実践されているという。

ティッシュペーパーは、もともと金の間に挟む紙！

ティッシュはもともと、フランス語で「織物」を意味する言葉だ。ではなぜティッシュペーパーというかといえば、**もともとは金糸で織られた布を重ねるとき、その間に挟む薄い紙だったからだ**。

ティッシュペーパーは、その後第一次世界大戦のときに脱脂綿の代わりやガスマスクのフィルターとして使われたが、そのころはまだ地味な存在だった。ところが、ある技術者がポテトチップスを食べるとき、袋の中から複数のチップスがくっついて出てきたのを見て、1枚取れば次の1枚が出てくるポップアップ式のティッシュペーパーを発明。大ヒットとなり、世界中に広まった。

ちなみに、巻のボックスティッシュはよく5箱組で売られているが、それには理由がある。あれは、大人が持ったときギリギリ地面につかない高さを意識した結果、5箱に定着していったものだ。

人類滅亡まで残り1分30秒！

忙しい現代人には、時計や時計機能のついた携帯電話が欠かせない。種類も多種多様だが、なかには「借金時計」や「終末時計」といったものもある。いったいどんな時計だろうか。

「借金時計」は、アメリカのマンハッタンに設置されている他、財政破綻を経験した夕張市をはじめとして日本の複数の市のホームページ上に設けられている。これらは**国や自治体の借金の現状をわかりやすく伝えるためのもの**で、刻々と変わっていく数字が空恐ろしくも興味深い。また、**「終末時計」は、核戦争などによる人類滅亡までの残り時間を概念的に表したものだ。**午前0時が「その時」であり、2023年時点では残り1分30秒である。

ちなみに、日本では6月10日が「時の記念日」だが、これは671年6月10日に日本初の時計が設置されたためだ。この時計は漏刻（ろうこく）（水時計）とよばれ、容器に水を流れ込ませ、その水面の高さや漏れ方で時を知るものである。

カレンダーは、もともと借金手帳だった！

スケジュールの管理に重宝するカレンダー。紙に印刷したものは使わなくなっても、スマホのものなど電子媒体で使う人も多いだろう。これだけ生活に密着しているカレンダーだが、その語源は意外と知られていない。いったいどういう意味なのだろうか。

カレンダーは、ラテン語のカレンダリウム（calendarium）とカレンダエ（calendae）に由来する。古代ローマでは月初をカレンダエといい、この日を税金や借りたお金の清算日としていた。その際に使った帳簿がカレンダリウム。**貸金業者たちはカレンダリウムに借金の返済予定を書いて管理しており、それがしだいに帳簿だけでなく暦も意味するようになっていった。**

ちなみに、カレンダーで日曜日が赤なのは、主に見やすいからだ。一方で土曜が青になりがちなのは、印刷の4原色（赤・青・黄・黒）のうち、基本となる黒とも日曜の赤とも異なり、かつ黄色よりも見やすかったからだ。

道端によくイチョウが植えられているのはなぜ？

イチョウは、日本で一番多く植えられている街路樹である。２０１７年の国土交通省のデータによると、全国に54万本以上もあるらしい。たしかに、可憐な葉の形や秋に見られる美しい色合いが印象的だが、ぎんなんの臭いにはよく悩まされる。なぜあえてイチョウである必要があるのだろうか。

イチョウがたくさん植えられているのは、**樹に水分が多く火事になっても延焼しにくいことや、排気ガスや硬い地面に強いためであるとされる。**いわれてみれば、車がびゅんびゅん通る道の脇や、都会の踏み固められた土地に植えられていても、イチョウは元気に育っている。

ちなみに、イチョウが定番化する前、日本で初めて行政主導で植えられた街路樹は、果物の木だった。これは、いざというときに旅人が食料を得られ、ひと休みするときに木陰を利用できるようにするためだ。遠く奈良時代の政策であるが、なかなかどうしてよくできたシステムである。

レストランで、会話はかまわないのに通話が禁止されがちなのはなぜ？

フォーマルなレストランでは、食事をしながら会話してもよいのに、電話での通話は遠慮してほしいといわれることがある。さほど音量は変わらないだろうに、なぜ歓迎されないのだろうか。

この理由としては、**人間は全体像を把握しづらいものを嫌う傾向があること**が挙げられる。その場の会話であれば話しかける声・それに応じる声の両方が聞こえて内容がわかりやすいが、**携帯電話などでの通話の場合は原則として話している本人の声しか聞こえないため、周囲からはかえって気になってしまう**。そのために苦情が入りやすく、あらかじめ遠慮を求められがちなのである。これは、レストランだけでなく、電車の中でも同様である。

電話といえば、多くの方が経験的にご存じだろうが、日本の電話番号はすべて0から始まる。これは国内通話であることを示す識別番号で、固定電話・携帯電話の別を問わず同じように設定されている。

街づくりに役立つ大砲がある！

環境への配慮から、リサイクルが注目されるようになって久しい。紙や缶なら想像しやすいが、なかには「これを？」と思うような事例もある。

たとえば、イギリス・ロンドンでは、**かつてフランス軍が持ち込んだ大砲を溶かした素材が、街のボラード（車止め）に使われている。**また、戦時中の担架が街のフェンスとして現役で活用されている。

このような例は他にもある。**東京タワーは朝鮮戦争のときの戦車を溶かしたものだし、食品用ラップは砲弾や火薬を湿気から守ったり、湿地で足が水虫にならないようにしたりするためのものだった。**いまあなたの財布にあるかもしれない五円玉も、終戦後に大砲の薬莢（やっきょう）（火薬を詰める筒）を潰して造ったことがきっかけであの色になった。戦争であらゆるものが破壊された後、残されたもので新しい道具や文化をつくったエピソードからは、どこか人間の強さを感じることができる。

三重県に山梨県……あの県は結局何地方？

日本の都道府県には、たまに何地方かわからないものがある。筆者の出身地である三重県はその最たるもので、東海・中部・近畿など、時と場合によって色々な地方に組み込まれる。これにはもやもやしたものだが、近年調べたところによると、三重の知事は中部の知事会にも近畿の知事会にも出席する。そして、中部圏知事会の前身は、東海北陸地方知事会という。結果的に三地方すべてに関連しており、公式がその認識ならばもうそれでいいか……と脱力したしだいである。

山梨県もまた微妙なところであり、中部や甲信越に含まれる。ひとつはっきりしているのは、山梨は「首都圏」であることだ。これは、首都圏整備法という法律でそう定義されているためで、他には茨城・栃木・群馬・埼玉・千葉・東京・神奈川が同圏内にあたる。結局、**地方の分け方は何用に分類するかで具合が異なる面もあるため、一概にはいえないのだそうだ。**

ドーナツの穴には理由があった！

ドはドーナツのド。では「ドー」は何なのかといえば、小麦粉をよく練ったもののことだ。「ナツ」はナットのことで、ねじを留めるのに使う中央に穴の開いた金具を意味する。つまり、ドーナツは「小麦粉を練った真ん中に穴のあるお菓子」ということなのだが、そもそもなぜ穴があるのだろう。**これはズバリ、中まで火を通しやすくするためだ。**19世紀、アメリカのハンソン・グレゴリー氏が母親が作った菓子が生焼けなのを解消しようと中央に穴を開け、それがドーナツとよばれるようになったといわれる。

身近な穴に関するエピソードは他にもある。五円玉や五十円玉の穴は、かつては材料費の節約、いまでは主に他硬貨との区別を目的として開けられている。筆記用具のキャップに穴があるのは万一飲み込んだときでも息ができるようにするためだし、リュックサックについている豚の鼻のような穴は、登山用具をかけるためのパーツだ。

郵便ポストはなぜ赤いのか？

日本のポストは赤になる前黒かった。これは郵便制度開始の翌年、明治5年から使われはじめたものだ。**赤くなったのは明治34年からで、イギリスのポストに倣って目立つ色に変え、場所をわかりやすくしたとされる。**また、一説には、**酔った人が郵便箱を「垂便箱（たれべんばこ）」と誤読して用を足してしまうことがあったため、夜でも黒より目立つ赤に変え、注意を促したという話もある。**

ところで、南極の昭和基地には日本の国内料金で郵便を送れるのだが、かの地から手紙が届くのは輸送の都合で年に一度だ。さらに気の長い話をすれば、手紙がいつ届くかわからないポストもある。ガラパゴス諸島・フロレアナ島のポストオフィス湾のものがそれで、18世紀末、本国に手紙を送る術のなかった船乗りのために郵便箱が作られ、運よく自国の人がやってきたときに手紙を持ち帰ってもらっていた。それがいまでも続いており、数年から数十年かけて手紙が届くロマンチックなポストとなっている。

現在の日本の法律上、一番重い罪は何？

世の中には、ふとしたことで罪になる出来事がある。病院でもらった薬を体調の悪い家族に分けると薬機法違反に問われる場合があるし、宅配業者などに道を聞かれた際にわざとウソを教えると、他人の業務を妨害したということで軽犯罪法にふれることがある。

このように、犯罪とみなされる行為は日常生活にも潜んでいるわけだが、現行の日本の法律上、最も重い罪はなんだろうか。それは、**一般に「外患誘致罪」だといわれる。外患誘致罪とは、他国と共謀して日本を攻撃させた場合などに適用される罪だ。**例を挙げれば、外国の軍隊を日本に不当に侵入させた場合などが該当する。この犯罪が起きると国の安全そのものが脅かされるため、**数ある罪のなかでも唯一、有罪となった際の量刑が死刑のみである。**死者が出なくても、未遂であっても、この罪では死刑になる場合がある。それだけ特別に厳しく警戒されている犯罪なのである。

警察官専用のPフォンという携帯電話がある！

Pフォンとは、警察業務に便利な機能がついたポリス用携帯電話だ。採用している都道府県によって名前が違う場合もあるものの、**110番の情報を受信したり、事故現場の情報や現地に到着したのが誰か把握できたり、撮影した不審人物の写真を関係者に一斉送信したりと、なにかと便利な携帯である。**実際、写真の一斉送信機能によって振り込め詐欺の容疑者が逮捕された事例が話題になり、Pフォンの存在が少し広まったことがある。このように、Pフォンは円滑な警察業務の遂行に一役買っている。

また、パトカーのカーナビも特別仕様だ。事件発生現場や仲間のパトカーの位置がわかる他、乗務員の勤務状況（たとえば、休憩中・交通取り締まり中など）が伝えられたりする。特にPフォンと同様の動画共有機能が便利なようで、カーナビでの送受信だけでなく、近年では車の赤色灯につけた360度カメラの情報をリアルタイムで指令室に送ることもできるようになってきた。

赤ちゃんとお年寄りは、蚊に刺されてもあまりかゆくない！

蚊の唾液には、刺した相手に気づかせないための麻酔効果や、血を固まらせないための物質が入っている。この成分が曲者で、人体内では免疫機能が異物と捉えてアレルギー反応を起こすため、かゆみを生じさせることが多い。**とはいえもとが免疫反応であるがゆえに、かゆみが発生しにくい人もいる。その代表格が、まだ蚊に刺された回数の少ない赤ちゃんと、免疫機能がそもそも低下しており、長年蚊に刺され続けてきたお年寄りだ。**そう、より正確にいえば、年齢よりも蚊に刺された経験がものをいう。このため、蚊の少ない地域のお年寄りが突然蚊に刺されると、しっかりかゆくなることもある。

ちなみに、世界で一番人類を殺している生き物は蚊であるといわれる。ヒトに殺されるヒトが年間約47万人程度であるのに対し、蚊に殺されるヒトは年間約72万人ほどもいるそうだ。どちらにしても不穏な話だが、様々な病気を媒介する蚊は、それだけ人類にとって強敵なのだ。

紙ナプキンはなぜ前が短いのか？

飲食店でおなじみの紙ナプキンは、実は日本発祥だ。かつて欧米では薄手の紙の生産が発達しておらず、日本の和紙で作られたものが輸出されていた。

さて、**紙ナプキンはしばしば前が短く後ろが長い。これは、汚れた指でナプキンを取ろうとしても前側をつまめば他の紙に影響が出づらいという、衛生上の配慮によるものだ。**ちなみに、ナプキンは「ナフキン」とよばれることもあるが、これは「ふきん」からの連想だといわれる。筆者は時折どちらだったか迷うのだが、本来のつづりはnapkinなので「プ」と発音するのが順当である。

紙ナプキンといえば、画家のピカソは、紙ナプキンにちょっと落書きをするだけで大人数の飲食代が支払えたそうだ。また、サッカー選手のメッシは、13歳のときに彼との契約を急いだクラブチームから紙ナプキンに書かれた契約書を受け取った。

駄菓子の「ねるねるねるね」は服薬補助に発展していた！

「ねるねるねるね」は、クラシエ株式会社が製造する、ロングセラーの駄菓子だ。子どもたちが自分で粉や水を混ぜる料理・実験感覚が楽しく、近年では知育菓子としても知られている。

このねるねるねるねには、実は医療用のものもある。薬が苦手な子どもに服薬させる際、薬剤師がこの菓子に混ぜているのを知った製造元が、公式に「おくすりパクッとねるねる」を開発した。

食品や調理に関する意外な転用は、他にもある。たとえば、電子レンジはもともと軍事実験から生まれたものだ。1945年、アメリカ軍でレーダーの実験をしていたところ、作業者のポケットに入れていたチョコレートバーが溶けた。同じ現象が複数回続いたため原因を探ってみると、マイクロ波による影響だとわかった。そこから「もしかしたら食べ物が温められるのでは」と発想が及び、世界初の電子レンジ「レーダーレンジ」が誕生した。

生活の教養クイズ！

正解と思うものを選んでください。

QUIZ 1

洗濯で汗染みを落とすのに役立つのはどれ？

A.牛乳　B.レモン汁　C.砂糖

QUIZ 2

次のうち、3時のおやつが有効だといわれるのはどれ？

A.眠気対策　B.肩こり　C.かすみ目

QUIZ 3

次のうち、アメリカ大統領の愛称から名づけられたものはどれ？

A.キューピー人形　B.テディベア　C.マトリョーシカ

QUIZ 4

日本人1人あたりが1日に使う水の量はどれくらい？

A.約50リットル　B.約100リットル　C.約200リットル

QUIZ 5

しゃっくりをとめるのに有効なのはどれ？

A.まゆをなでる　B.へそを押す　C.指を耳に入れる

QUIZ 6

事務用の机や椅子に灰色が多いのはなぜ？

A.書類を見失わないため　B.お得意さんの影響　C.貧乏に見せるため

QUIZ 7

卵を割ったとき、うっかり皿に入った殻を簡単に取る方法は？

A.卵の白身でつまむ　B.ティッシュで吸い寄せる　C.水で濡らした指を使う

答え

QUIZ 1 正解B

レモン汁に含まれるクエン酸の漂白効果で汗染みが取れやすくなる。

QUIZ 2 正解A

脳を活性化するにはブドウ糖が必要なので、その材料となるようおやつを摂るとよいとされる。

QUIZ 3 正解B

アメリカ第26代大統領セオドア・ルーズベルトの愛称による。彼が狩りで瀕死のクマを打たずに助けたという逸話から。

QUIZ 4 正解C

東京都水道局によると、平均214リットル程度（令和元年）。だいたいお風呂のお湯1杯分くらいの量。

QUIZ 5 正解C

指を両耳に入れて奥を押すと、神経を刺激することができしゃっくりが止まりやすくなる。

QUIZ 6 正解B

戦後日本企業のお得意さんが米軍だったころ、軍用に灰色のオフィス家具が大量発注され、事務用品＝灰色という印象が定着。

QUIZ 7 正解C

指を水で濡らすことで殻と水の間に表面張力を発生させる。このとき白身より水のほうが引っぱる力が強いため殻が取れる。

【著者】
近藤仁美（こんどう・ひとみ）
早稲田大学在学中にクイズ作家として活動を始め、日本テレビ『全国高等学校クイズ選手権』を15年間担当中。その他、テレビ番組『クイズ！　あなたは小学5年生より賢いの？』、ディズニーチャンネル『ミラキュラス』リアルイベントなど、各種媒体で出題・監修を行う。国際クイズ連盟日本支部長。クイズの世界大会では日本人初・唯一の問題作成者を務め、雑学とクイズの国際的な賞「Trivia Hall of Fame（トリビアの殿堂）」殿堂入り。『クイズにまつわる言葉をイラストと豆知識でピンポーンと読み解くクイズ語辞典』（誠文堂新光社）などクイズに関する著書の他、『新潮ことばの扉　教科書で出会った古文・漢文一〇〇』（新潮社）など長年携わる日本の古典にまつわる著作・講演もある。

イラスト　村山宇希
ブックデザイン　沢田幸平（happeace）
校正　鷗来堂
編集協力　ヱディットリアル株式會社
DTP　センターメディア

人に話したくなるほど面白い！
教養になる超雑学

2024年3月10日　第1刷発行

著者　近藤仁美
発行者　永岡純一
発行所　株式会社永岡書店
〒176-8518　東京都練馬区豊玉上1-7-14
代表03-3992-5155　編集03-3992-7191
印刷　精文堂印刷
製本　コモンズデザイン・ネットワーク

ISBN978-4-522-44080-3 C0136